der Spur

Hermine König und Karl Heinz König

Jesus auf der Spur

Geschichten
für neugierige Kinder

Kösel

FSC
Mix
Produktgruppe aus vorbildlich bewirtschafteten Wäldern und anderen kontrollierten Herkünften

Zert.-Nr. SGS-COC-1425
www.fsc.org

Verlagsgruppe Random House FSC-DEU-0100
Das für dieses Buch verwendete FSC-zertifizierte Papier
Arctic the Volume liefert Arctic Paper Munkedals AB, Schweden

Umschlag: fuchs_design, München,
unter Verwendung einer Illustration von Ulrike Bahl, Hamburg
Landkarte S. 103: Eva Amode, München
Druck und Bindung: Mohn Media, Gütersloh
Printed in Germany
ISBN 978-3-466-36866-2

Weitere Informationen zu diesem Buch und unserem gesamten
lieferbaren Programm finden Sie unter
www.koesel.de

Dieses Buch gehört

....

Ein Geschenk von

....

Inhalt

Hallo, liebes Mädchen! Hallo, lieber Junge!

In diesem Buch findest du interessante Geschichten, die von Jesus erzählen. Vielleicht hast du im Religionsunterricht oder im Gottesdienst, wenn von Jesus die Rede war, gedacht: Das ist alles so lange her. Das kann ich mir gar nicht richtig vorstellen. Oder: Haben Kinder der damaligen Zeit den Jesus auch wirklich hautnah erlebt? Und wie war er zu ihnen? Hat er sie überhaupt bemerkt, oder waren nur die Erwachsenen für ihn wichtig?

Ganz sicher haben ihn damals jüdische Kinder erlebt. Wie aber können wir uns das heute, nach fast 2000 Jahren, vorstellen? Drei von diesen Kindern aus dem Lande Jesu lernst du hier in diesem Buch kennen. Wir nennen sie Sara, Simeon und Debora. Sie sind Kinder etwa in deinem Alter. Ihre Eltern nennen wir Vater Jonatan und Mutter Hanna. Die Kinder und ihre Eltern erzählen dir davon, wie es damals gewesen sein könnte, als Jesus unter ihnen lebte. Sie spüren ihn selbst auf oder verfolgen interessante Spuren in dem, was andere über ihn erzählen.

Aber sie nennen ihn nicht Jesus, sondern Jeschua. Warum denn Jeschua?, wirst du jetzt fragen. In der alten Sprache seiner Heimat, in Hebräisch, wurde Jesus nämlich Jeschua gerufen, und Jeschua heißt so viel wie: „Gott hilft“. Ist das nicht ein schöner Name?

Übrigens: Die Fragen, die diese Kinder in den Geschichten den Erwachsenen oft stellen, könnten das nicht auch deine Fragen sein, wenn du biblische Erzählungen hörst oder liest? Sie möchten dich jedenfalls ermutigen, ebenfalls immer nachzufragen, wenn du in biblischen Geschichten etwas nicht verstehst. Die Antworten können mitunter unterschiedlich sein, doch helfen sie dir, dir deine eigene Meinung zu bilden.

Nun wünschen wir dir spannende Lesestunden mit diesem Buch.

Hermine und Karl Heinz König

Kinder aus dem Lande Jeschuas

Hallo, ich heiße **Simeon** und bin zehn Jahre alt. Ich bin in der kleinen Stadt Kafarnaum in Palästina geboren.

Ich besuche mit den anderen Jungen die Schule in unserer Synagoge. So heißt unser Gotteshaus. Da sitzen wir im Kreis um unseren Lehrer. Das ist der Rabbi, unser Meister. In einer Schriftrolle sind die alten Gottesgeschichten und Gebote aufgeschrieben. Daraus liest unser Rabbi immer ein Stück vor, das wir dann auswendig nachsprechen. Wer will, kann auch lesen lernen. Das können die wenigsten in unserer Stadt.

Hallo, ich heiße **Debora** und bin neun Jahre alt. Ich bin auch in Kafarnaum geboren.

Ich darf die Synagogenschule nicht besuchen, weil ich ein Mädchen bin. Ich lerne alles von meiner Mutter, was die Frauen im Haushalt so können müssen: kochen, backen, sauber machen, waschen, weben, sticken und vieles mehr. Aber ich lerne von unserer Mutter auch die Gottesgeschichten kennen. Simeon staunt oft, was ich alles weiß.

Wir beide sind Geschwister. Wir haben noch eine große Schwester. Die heißt **Sara** und ist schon elf Jahre alt. Dann ist da noch unser jüngerer Bruder **Jakob**. Er ist noch ganz klein. Wir Kinder müssen unseren Eltern tüchtig bei der Arbeit helfen. Nach der Arbeit spielen wir mit den anderen Kindern auf dem Hof oder auf der Straße.

Ach, es ist manchmal ganz schön anstrengend, ein Kind zu sein! Unsere Eltern waren bisher sehr streng mit uns. Wir mussten immer gehorchen ohne irgendein Widerwort. Seitdem unsere Eltern Jeschua kennen, wird das allerdings immer besser. Wir dürfen jetzt sogar mit ihnen diskutieren, wenn wir etwas nicht verstanden haben. Aber die meisten anderen Leute unserer Stadt halten uns Kinder immer noch für dumm und unverständig. In ihren Augen sind wir noch nicht viel wert. Aber mit zwölf oder dreizehn Jahren sind wir endlich erwachsen. Dann freuen sich Eltern, Großeltern und Kinder, und wir feiern ein großes Fest.

Die Kinder erzählen von ihrer Familie

Unsere Eltern heißen **Jonatan** und **Hanna**, unser Großvater Matthäus und unsere Großmutter Lea. Sie wohnen nicht weit von uns in der Familie von Onkel Johannes, dem älteren Bruder unseres Vaters. Wir leben in einem kleinen, gemütlichen Haus in Kafarnaum. Es ist aus getrockneten Lehmziegeln auf einem Fundament aus Gebirgssteinen gebaut. Unser Haus ist unterteilt in einen etwas größeren Wohnraum, in dem wir wohnen, kochen und essen, in zwei Schlafkammern und eine Vorratskammer. Wir schlafen auf einer Strohmatte am Boden. Wenn der Hahn morgens kräht, dann rollen wir unsere Matten zusammen und beten unser Morgengebet. Neben dem Haus sind ein kleiner Hof mit einem Stall für die Haustiere und ein Backofen. Über eine schmale Außentreppe geht es auf das flache Dach. Das ist aus Balken, geflochtenen Zweigen, Strohmatten und festgestampftem Lehm gebaut.

Wenn es im Sommer sehr heiß ist, schlafen wir hier, weil oben ein kühler Wind weht. Am Abend beten wir gerne auf diesem Dach und strecken dabei unsere Arme nach oben zum Himmel.

Unser Vater ist Fischer; denn wir wohnen an dem schönen See Gennesaret. Der ist so weit und groß, dass wir ihn auch unser Meer nennen. Viele Fischer wohnen hier. Sie fahren mit ihren Booten auf den See hinaus, um Fische zu fangen. Wir essen gerne Fisch.

Unser Backofen im Hof ist rund und aus Lehm. Hier backen wir täglich unser Brot. Die Mutter mahlt in einer Handmühle aus zwei Steinen Gersten- oder Weizenkörner zu Mehl und rührt dann den Teig an. Daraus formt sie Fladen, so groß wie ein Teller. Die legt sie dann zum Backen auf die heißen Steine im Ofen oder klebt sie außen an die Ofenwand. Hm, wir freuen uns immer auf unser leckeres Brot.

Am Abend ist es besonders schön bei uns. Dann sitzen wir zum Essen zusammen. Alle freuen sich, dass die Arbeit getan ist. Die Eltern und manchmal auch die Großeltern erzählen uns Geschichten, von unseren Vorfahren und auch von Gott.

Rund um unsere Stadt Kafarnaum

Draußen vor unserer Stadt wachsen Obstbäume mit süßen Früchten, zum Beispiel mit Granatäpfeln und Feigen. Tja, und die Weintrauben an unseren Weinstöcken sind fast so groß wie Taubeneier. Und viele Olivenbäume wachsen hier. Aus ihren Früchten pressen wir unser Öl für das Essen und für die Öllampen. Auf den Feldern wachsen Gemüse und Getreide: Gerste und Weizen. Aus den Körnern mahlen wir das Mehl für unser Brot. Die Arbeit auf den Feldern ist anstrengend, weil der Boden trocken und steinig ist. Da helfen wir Kinder gerne Onkel Johannes in seiner kleinen Landwirtschaft Steine aufzulesen, Unkraut zu jäten und auch zu ernten. Dafür bekommen wir Gemüse und Obst für unsere Familien. Und wir tauschen unsere Fische und bekommen von ihm dafür Getreide zum Brotbacken.

Wichtig für uns ist auch der große Brunnen. Jeden Abend gehen Mutter Hanna und wir Mädchen dorthin. Wir tragen Wasserkrüge auf unseren Köpfen und holen darin das notwendige Wasser für die ganze Familie.

Auf den Hügeln ziehen die Hirten mit den Schafen und Ziegen der Bauern umher. Sie suchen immer wieder neue Weideplätze mit Gras und Kräutern und Wasserstellen für die Tiere. Sie müssen besonders aufpassen, dass ihnen die wilden Tiere, wie der Schakal oder der Wolf, kein Tier rauben. Sie tragen deshalb immer eine Schleuder und eine Keule bei sich. Jeden Morgen und jeden Abend zählen sie ihre Tiere. Wenn eines fehlt, suchen sie so lange, bis sie es gefunden haben. Sonst müssen sie es dem Bauern, für den sie arbeiten, bezahlen. Das ist schlimm, denn sie verdienen ganz wenig. In der Nacht schlafen sie deshalb immer bei den Tieren in einer Höhle oder hinter einem Schutz aus Steinen. Da wundert es niemanden, dass die Hirten ein bisschen wüst aussehen.

Fremde Soldaten haben unser Land erobert. Der römische Kaiser hat sie geschickt. Er will immer mehr Land besitzen und immer schönere Paläste bauen. Deshalb müssen unsere Eltern dem Kaiser auch immer mehr Geld als Steuern zahlen. Überall an Hauptstraßen sitzen die Steuereintreiber, die werden Zöllner genannt. Das sind Leute aus unserer Stadt. Sie sammeln das Geld ein und nehmen oft noch mehr, als sie dürfen. Darüber regen sich unsere Eltern auf, sie verachten sie. Viele von unseren Familien sind ganz arm geworden. Wenn wir beten, rufen wir nach Gott, dass er uns helfen soll. Niemand kann die Römer leiden. Wir haben Angst vor ihren Soldaten.

Die Gemeinde der Kinder

Mitten in unserer Stadt steht unser Gotteshaus. Das ist die Synagoge. Sie ist sehr wichtig für uns. Sie ist vor allem unser Gebetshaus, in dem der Gottesdienst gefeiert wird. Vorn in einem langen Raum werden in einem schönen Schrein die alten Schriftrollen aufbewahrt. Davor befindet sich ein Lesepult mit einer kostbaren Decke. Daneben steht ein Leuchter mit sieben Armen. An den Wänden sind viele Bänke für unsere Väter und die Jungen aufgestellt und oben auf einer Empore für unsere Mütter und die Mädchen.

Der siebte Tag der Woche ist unser Ruhetag – der Sabbat. An dem Tag brauchen wir nicht zu arbeiten und auch nicht zu lernen. Wir erinnern uns dann an die alte Geschichte, dass Gott in sechs Tagen die Welt erschaffen hat und sich am siebten Tag darüber gefreut und uns einen Tag der Ruhe geschenkt hat. Daran erinnern wir uns, wenn Mutter Hanna bei Sonnenuntergang den Sabbatleuchter anzündet und mit einem Gebet den Sabbat begrüßt. Nach dem kalten Abendessen – der Tisch ist festlich gedeckt, alles ist vor dem Sabbat vorbereitet worden – besuchen wir alle den Gottesdienst. Die Männer legen ein schmales Tuch über Kopf und Schultern. Das ist ihr Gebetsschal. Manche tragen dazu noch kleine Kästchen aus Leder an langen Lederriemen an ihre Stirn und um den linken Arm gebunden. Darin sind kleine Gebetszettel aufbewahrt. Die Öllampen brennen. Die Schriftrolle liegt aufgerollt auf dem Lesepult. Wir singen und beten gemeinsam und hören zu, wenn einer aus der Gemeinde zur Schriftrolle geht und daraus vorliest. Unser Rabbi sagt uns in seiner Predigt, was das alles bedeutet. Anschließend sitzen wir zu Hause noch gemütlich beieinander, erzählen, lesen oder singen.

Auch wenn kein Gottesdienst ist, treffen sich unsere Familien gerne in der Synagoge und sprechen miteinander. Wir fühlen uns hier wie zu Hause.

Wie Onkel Andreas und Onkel Simon Menschenfischer wurden

Debora und Simeon freuen sich sehr; denn am Wochenende kommt Onkel Andreas zu Besuch. Bestimmt weiß er auch diesmal viel Interessantes zu erzählen. Er und sein Bruder Simon gehören nämlich zu den Männern, die mit Rabbi Jeschua von Ort zu Ort durch das ganze Land ziehen. Debora fragt die Mutter, wie und wo Onkel Andreas eigentlich Jeschua kennengelernt habe.

„Das ist schon eine Weile her. Damals waren Onkel Andreas und Onkel Simon am Ufer des Sees Gennesaret. Sie wollten gerade ins Boot steigen und die Netze auswerfen. Da kam ein junger Mann langsam auf sie zu und sprach sie an: *Ich habe euch eine Weile zugeschaut. Ihr könntet mir gut helfen. Wollt ihr nicht mit mir gehen?*

Onkel Andreas und Onkel Simon fragten erstaunt, wer er denn sei und was er vorhabe.

Ich bin Jeschua, sagte er, *auch ich bin ein Fischer, aber ein Menschenfischer. Ich will die Menschen für Gott gewinnen, damit sie seine Liebe und sein Heil erkennen und ein gutes Leben führen.*“

„Onkel Andreas sagte mir damals“, erzählt die Mutter weiter, „er habe zwar schon von diesem Jeschua gehört, aber nicht gedacht, dass er eine so große Anziehungskraft habe, sodass man sich wünscht, immer in seiner Nähe zu sein. Deshalb ließen die beiden kurz entschlossen Jeschua an ihrem Boot warten und liefen schnell nach Hause, um ein paar Sachen zu holen und Bescheid zu sagen, dass sie unbedingt mit Jeschua ziehen wollten.“

Mutter Hanna erinnert sich: „Ich weiß noch gut, was das in den Familien für Ärger gab: *Wovon sollen wir denn leben, wenn unsere Väter nicht mehr da sind?*

Die beiden Brüder versuchten ihre Familien zu trösten: *Wir bleiben doch schließlich Fischer und werden hin und wieder Fische fangen und verkaufen. Wir lassen euch doch nicht im Stich! In unserem Herzen fühlen wir: Alles wird gut.*

Und damit haben sie tatsächlich recht behalten", sagt die Mutter. „Mensch", meint Simeon mit hochrotem Kopf, „da können wir aber auf Onkel Andreas und Onkel Simon mächtig stolz sein! Nun bin ich aber umso mehr gespannt, was Onkel Andreas diesmal zu erzählen weiß!"

Ein Festessen mit Onkel Andreas

Endlich, Onkel Andreas ist da! Er hat ein paar Freunde mitgebracht. Hanna und Sara haben ihnen den Wüstenstaub von den Füßen gewaschen. Was ist das für eine freundliche Begrüßung!

Hanna hat mit Sara für die Gäste zum Abend ein richtiges Festessen gekocht: Lammfleisch, Gemüse mit Pistazien, Mandeln und Nüssen, Zwiebeln, Heuschrecken in Salz, dazu Oliven und frisches Brot. Zum Nachtisch gibt es Kuchen aus feinem Weizenmehl mit süßem Honig und Rosinen, dazu noch Feigenkuchen. Ein Krug mit köstlichem Wein steht für die Erwachsenen bereit. Nun sitzen sie alle auf den Kissen rund um den niedrigen Tisch. Oben am Tisch sitzt Vater Jonatan und spricht das Tischgebet. Das wird niemals vergessen. Der Vater achtet ganz streng darauf. Er teilt das Essen aus, und die Mutter bedient alle am Tisch. Sie reicht die Schalen mit dem leckeren Essen und die Becher mit dem Wein herum.

Endlich beginnt Onkel Andreas zu erzählen, und alle hören gespannt zu: „Jeschua erzählt überall von Gott, unserem Vater im Himmel, der die Menschen lieb hat. Das sagt er besonders den Menschen, die ganz verlassen sind. Ihr kennt sie ja, die Obdachlosen, die Kranken, die manchmal sogar aus den Familien ausgestoßen sind. Die meisten Leute in unserem Land meinen ja, Gott habe sie für etwas bestraft. Deshalb wollen sie nichts mehr mit ihnen zu tun haben. Jeschua ist da ganz anderer Meinung: *Gott will, dass es allen Menschen gut geht. Krankheit ist keine Strafe Gottes*, sagt er immer wieder. *Ich will ihnen zeigen, wie lieb Gott sie hat*."

„Das finden sicher alle toll", ruft Debora dazwischen.

„Schön wär's!", meint Onkel Andreas. „Aber das gefällt nicht allen. Viele verstehen das gar nicht. Sie sagen zu ihm: *Du siehst die Gebote Gottes anders als unsere Priester*. Manche drohen ihm sogar und werfen mit Steinen nach ihm. Dann müssen wir schnell fortgehen." Die Kinder schauen ängstlich zu ihrer Mutter.

Onkel Andreas erzählt weiter: „Wir sind oft stundenlang in der heißen Sonne auf den staubigen Straßen unterwegs. Ihr könnt euch vorstellen, wie hundemüde wir dann sind. Nicht selten müssen wir draußen unter freiem Himmel übernachten, wenn wir nicht bei Freunden unterkommen können. Wir haben nur unseren Mantel, um uns zuzudecken. Wenn wir in den Bergen sind, suchen wir in den Höhlen bei den Hirten Schutz vor wilden Tieren."

Onkel Andreas macht eine Pause und schaut in die Runde: „Übrigens, Jeschua sucht nicht nur Freunde, sondern auch Freundinnen, die ihm helfen. Eigentlich sind die Frauen in unserem Land ja nur für die Familie da. Aber Jeschua macht da überhaupt keinen Unterschied. Sogar eine Hofdame vom Königshof des Herodes ist in unserem Kreis. Johanna heißt sie." – Mutter Hanna staunt nur so.

„Wenn wir tagelang unterwegs waren, freuen wir uns besonders, wenn Freunde oder Freundinnen uns zum Essen einladen, so wie ihr heute. Wir essen, trinken, erzählen und lachen miteinander. Ihr solltet sehen, wie lustig Jeschua dann ist. Er feiert so gerne Feste, besonders mit denen, die sonst nie eingeladen werden."

Jeschua hat Kinder gern

Simeon und Debora spielen mit ihren Spielsteinen im Hof. Sie schauen zu ihrer Mutter Hanna hinüber, die unter dem schattigen Vordach sitzt. Sie will gleich das Brot für die Familie backen. „Bestimmt muss ich helfen", flüstert Debora Simeon zu. Aber Hanna hat schon Sara gerufen. Sie ist heute an der Reihe, die Gerstenkörner zwischen den Mahlsteinen zu Mehl zu mahlen. Das ist ganz schön anstrengend und langweilig. Aber Sara weiß, dass sie nur so genügend Mehl für das tägliche frische Brot haben.

Draußen auf der Straße sind plötzlich laute Stimmen zu hören. „Da ist was los", ruft Simeon.

„Heute soll Rabbi Jeschua wieder vorbeikommen", sagt Debora. „Der zieht von Ort zu Ort und erzählt überall so tolle Geschichten. Ich habe ihn noch nie richtig gesehen. Komm, Simeon, nichts wie hin. Diesmal will ich dabei sein, wenn er erzählt."

„Das geht nicht", ruft die Mutter energisch, „Kinder haben da nichts zu suchen. Ihr wisst doch, was die Männer immer sagen, dass ihr vieles noch nicht versteht. Die Männer haben es auch nicht gern, wenn wir Frauen dazukommen." Simeon und Debora sind wütend, und Hanna ist traurig. Plötzlich sagt sie: „Warum soll ich eigentlich nicht mit euch nach draußen zu Jeschua gehen? Warum sollen ihm nur die Männer zuhören?" Sie drückt den kleinen Jakob fest an sich und ruft: „Simeon, Debora, kommt, wir laufen hin. Sara, backe bitte heute das Brot alleine. Großmutter kommt und hilft dir dabei. Ich bin bald wieder da." Schon laufen die drei durch das Hoftor auf die Straße.

Da sehen sie auf dem großen Platz vor der Synagoge viele Männer stehen und dahinter auch Frauen mit ihren Kindern. Alle sind ganz aufgeregt und schreien

durcheinander: „Wo ist Jeschua? Ich kann ihn nicht sehen.“ Simeon reißt sich los und klettert auf eine Mauer. „Da ist auch der Vater, ganz vorne bei Jeschua!“

Debora will hinterher. Aber da hört sie, wie die Männer mit den Müttern schimpfen: „Was wollt ihr alle hier? Könnt ihr nicht zu Hause auf die Kinder aufpassen? Uns stören sie doch nur, wenn wir Jeschua zuhören.“ Debora hält sich nah bei ihrer Mutter. Jetzt sehen die beiden, wie Jeschuas Freunde die Kinder wegdrängen und sie nicht zu ihm lassen. Aber der hat sie gesehen und ruft zornig: „Lasst doch die Kinder zu mir kommen und schubst sie nicht einfach weg!“

„Hurra!“, freut sich Debora und eilt mit ihrer Mutter nach vorne. Bald steht eine ganze Kindergruppe um Jeschua herum. Er umarmt die Kinder herzlich, lacht und spricht mit ihnen. Dann segnet er sie. Simeon steht direkt bei ihm und schaut seine Mutter stolz an. Plötzlich ruft er: „Jetzt sind wir auch eine Kindergruppe von Rabbi Jeschua!“ Hanna ist glücklich und denkt: „Wie sich die Kinder freuen. Jeschua ist aber auch so liebevoll zu ihnen, wie wir Mütter es sind. Er segnet sie, wie es die Väter tun.“ Sie streckt ihm nun auch den kleinen Jakob entgegen. Er nimmt ihn zärtlich auf seinen Arm.

Dabei schaut er die Erwachsenen an: „Jetzt hört mir einmal gut zu! Ihr wollt nicht, dass eure Kinder hier sind. Dabei könnt ihr eine ganze Menge von ihnen lernen: Seht doch, wie sie mir vertrauen. Das ist nämlich das Allerwichtigste. So sind sie ganz nahe bei Gott.“

Simeon und Debora blicken zu ihrem Vater. Sie wüssten zu gerne, was er jetzt denkt.

Als Jeschua zwölf Jahre alt war

Eines Tages treffen die Kinder am See Rabbi Jeschua. Zum Glück ist er ganz allein. Sie laufen sofort zu ihm und betteln: „Erzähl uns bitte eine Geschichte, eine Geschichte nur für uns Kinder." „Was haltet ihr denn davon, wenn ich euch erzähle, wie ich mit zwölf Jahren ein wunderbares Erlebnis hatte?", meint Jeschua. Im Nu sitzen alle um ihn herum und spitzen die Ohren.

„Meine Eltern in Nazaret gingen mit den anderen Familien jedes Jahr zur Feier des Pessach-Festes zum Tempel nach Jerusalem. Ihr wisst ja, der Weg dorthin ist sehr weit. Wir machten uns mit mehreren Familien in einer Reisegruppe auf den Weg. Unterwegs beteten und sangen wir gemeinsam. Als ich zwölf Jahre alt war, sagte mein Vater: *Jeschua, du bist bald erwachsen. Deshalb darfst du mit uns zum Pessach-Fest nach Jerusalem reisen.* Ich freute mich und konnte es kaum erwarten, bis es losging.

Wir waren mehrere Tage unterwegs. Dann kamen wir endlich in der schönen Stadt Jerusalem an. Von allen Seiten strömten die Menschen herbei. Kein Wunder, dass alle Gassen verstopft waren. Wir kamen nur ganz langsam vorwärts. Endlich standen wir vor dem Tempelplatz. Ich blieb mitten im Gedränge stehen und schaute zum Tempel hinauf. Das goldene Dach glitzerte in der Sonne. Ich wurde ganz froh und dachte: *Du bist ein großes und wunderbares Haus. Du bist für unseren Vater im Himmel gebaut. Ich freue mich so, dass ich hier bin.*

Ich ging mit meinen Eltern durch das erste Tor, und wir kamen in einen Hof. Ihr könnt euch nicht vorstellen, wie laut es hier war. Viele Menschen drängten sich hinein und schrien mit den Händlern um die Wette. Die Lämmer für das Pessach-Mahl blökten. Wir schoben uns bis zu den Tempelhallen durch. Hier erzählten die Tempellehrer davon, wie Gott vor langer Zeit unserem Volk half, aus Ägypten zu fliehen, wo die Israeliten ja als Sklaven arbeiten mussten. Sie erinnerten uns daran, dass wir deshalb am Pessach-Fest Gott danken und das Pessach-Mahl miteinander feiern. Dann stiegen wir eine kleine Treppe hinauf zum Raum der Frauen. Nun mussten wir unsere Mutter Maria zurücklassen. Mit den Männern stieg ich zum nächsten Raum hinauf. Hier lauschten wieder viele den alten Gottesgeschichten und beteten.

Vor der nächsten Treppe blieb ich stehen. Ich wusste, jetzt dürfen nur die Priester weitergehen. Ganz oben ist ein besonderer Raum, der Raum des Schweigens. Und den darf nur der oberste Priester einmal im Jahr betreten. Ein kostbarer Vorhang hängt davor. Leise flüsterte ich: *Gott, du willst unsichtbar wohnen in dem schönen Haus, das wir Menschen dir gebaut haben. Ich weiß, du bist ganz nahe bei mir. In meinem Herzen möchte ich dich hören.*

Ich ging immer wieder zu den Tempellehrern. Vielleicht haben sie sich darüber gewundert, was ich alles wissen wollte und was ich alles schon wusste. *Er ist doch erst zwölf Jahre alt*, sagten sie. Dann schüttelten sie ihre Köpfe und tuschelten. Wie sollten sie auch wissen, dass ein zwölfjähriger Junge in den Gottesgeschichten entdeckt hatte, dass Gott der größere Vater und die größere Mutter für uns ist.

Das Fest dauerte mehrere Tage. Ich merkte gar nicht, als es zu Ende ging, und verpasste unsere Reisegruppe.

Meinen Eltern fiel das erst unterwegs auf. Ganz aufgeregt sind sie nach Jerusalem zurückgelaufen und haben mich dann im Tempel gefunden. Sie schimpften mit mir: *Jeschua, was hast du uns Angst eingejagt! Warum hast du uns das angetan? Wir haben dich überall gesucht.*

Ich verstand ihre Aufregung gar nicht und fragte: *Habt ihr denn nicht gemerkt, dass ich hier im Tempel ein größeres Zuhause gefunden habe? Ich bin bald erwachsen und muss doch meinen eigenen Weg suchen. Mein größerer Vater im Himmel wird immer mit mir sein.*

Ich glaube, meine Eltern haben nicht verstanden, was ich meinte. Wir gingen dann gemeinsam nach Nazaret zurück. Ihr könnt euch vorstellen, dass ich gerade dieses Fest nie vergessen habe."

„Das kann ich mir wirklich denken, Jeschua", meint Simeon. „Erzählst du uns noch mehr von dem größeren Vater im Himmel?", fragt Debora. Jeschua lächelt: „Das will ich gern ein andermal tun."

Eingeladen zum Pessach-Fest bei Opa Matthäus

Pessach ist das höchste Fest, das am 14. Nisan des jüdischen Kalenders gefeiert wird. Aber nicht nur in der Synagoge, sondern vor allem in der Familie zu Hause. Sara, Debora und Simeon können es kaum erwarten; denn sie sind bei den Großeltern eingeladen, bei denen die Familie diesmal das Fest feiert. Es ist immer so, dass das jüngste Kind am Tisch mit einer bestimmten Frage dazu auffordert, den Grund für das Fest zu erklären. Unser Vetter Samuel hat also heute seinen Ehrentag. Gespannt und aufgeregt wartet er auf den Abend, bis sich die ganze Familie um den großen Tisch versammelt. Großvater hat das Pessach-Lamm geschlachtet. Aus der Küche duftet schon köstlich das Festessen. Samuel darf zusehen, wie die Frauen den großen Tisch festlich decken. In der Mitte stehen schon der große runde Sederteller mit den symbolischen Speisen und daneben ein weiterer mit dem ungesäuerten Brot, verdeckt von einem Tuch. Samuel weiß: Das erinnert an den Auszug aus Ägypten. Da hatten die Israeliten keine Zeit mehr, Brot mit Sauerteig zu backen.

So blieb das Brot für die große Flucht ungesäuert. An jedem Platz stehen Schüsseln und kostbare Becher für den Wein. Oben am Tischende steht der Sessel des Großvaters wie ein Königsthron, an Großvaters Platz liegt ein Buch, die Haggada, aus der heute vorgelesen werden wird.

Schon kommen die ersten Gäste. Feierlich begrüßen sie den Großvater und die Hausfrau. Die sind ja die Gastgeber. Großvater zeigt jedem seinen Platz rund um den Tisch. „Wo ist denn Samuel?“, fragt Großvater. „Er hat ja heute seinen Ehrentag!“ Da entdeckt er ihn hinter dem Vorhang. Samuel wird rot. Aber Großvater nimmt ihn an der Hand und führt ihn auf den Ehrenplatz, ihm gegenüber an den großen Tisch.

Großvater und die Familie lesen gemeinsam die Geschichte von der wunderbaren Rettung des Volkes durch Gott. Sie erzählt von den Israeliten, die vor langer Zeit in Ägypten gefangen waren: „Pharao, der König der Ägypter, wollte unsere Vorfahren, die Israeliten, nicht aus Ägypten fortgehen lassen. Da beteten unsere Vorfahren zu Gott, und Gott schickte viele Plagen, um den Pharao und seine Ägypter zu ängstigen. Jedoch rührte sie das nicht. Ein Engel Gottes kam zu unseren Vorfahren. Der sagte, sie sollten ein Lamm schlachten, zu Gott beten und es essen. Mit dem Blut sollten sie ihre Türpfosten anstreichen. Das taten unsere Vorfahren am Tag vor der Flucht, als es dunkel wurde. Der Engel kam und strafte die Ägypter fürchterlich. An den gekennzeichneten Häusern unserer Vorfahren aber ging er vorbei. Noch in der Nacht liefen alle Israeliten zusammen und flohen – von Mose angeführt – aus dem Land. Pharao verfolgte sie bald mit seinen Soldaten. Aber Gott rettete unsere Vorfahren und damit unser ganzes Volk.“

Dann nimmt Großvater den Becher Wein, hebt ihn hoch und spricht ein Tischgebet. Samuel ist ganz aufgeregt. Er weiß, wenn Großvater den Becher zum zweiten Mal hebt und segnet, dann ist sein großer Augenblick gekommen. Samuel ist ja der Jüngste am Tisch. Er darf Großvater vor der ganzen Familie fragen, warum sie Jahr für Jahr das hohe Pessach-Fest feiern. Doch vorher bricht Großvater noch das Brot in Stücke und teilt es aus. Alle essen davon.

Samuel fragt dann endlich mit heller Stimme: „Warum ist diese Nacht anders als alle anderen Nächte?“

Und dann erklärt Großvater, weshalb diese Nacht so besonders ist: In der Pessach-Nacht erinnern wir uns an die Zeit der Sklaverei in Ägypten und an Gottes wunderbare Rettung. Jede der Speisen auf dem runden Sederteller hat symbolische Bedeutung: Die bitteren Kräuter erinnern an die bitteren Tage in Ägypten, das braune Mus erinnert an die Lehmziegel, die die Israeliten als Sklavenarbeiter brennen mussten, das Essigwasser an ihre Tränen.

„Ja, Gott ist mächtig. Er hat sein Volk lieb. Darum hat er es gerettet, und nun dürfen wir hier wohnen“, sagt der Großvater. „Alleluja“, antworten alle und essen von dem Lammfleisch. Danach hebt Großvater den Segenskelch. Das erinnert an das letzte Pessach-Fest in Ägypten. Alle Gäste trinken. Samuel hat gar nicht gemerkt, dass sie schon über drei Stunden feiern, so gut gefällt ihm das Pessach-Fest. Nun ist er etwas traurig, dass Großvater bereits das große Lob- und Danklied anstimmt:

„Dies ist der Tag,
den der Herr uns geschenkt hat.
Wir wollen jubeln, uns über ihn freuen.
Mein Gott bist du, dir will ich danken.
Mein Gott, dich will ich rühmen.
Danket dem Herrn; denn er ist gut.
Ja, immer schenkt er seine Freundschaft.“

Es war ein schöner Abend, das Fest selbst, das leckere Essen und die vielen Gespräche. Aber es ist schon sehr spät, und Debora und Simeon fallen bald die Augen zu. Als Mutter Hanna das merkt, mahnt sie zum Aufbruch. „Wenn das Fest am schönsten ist, dann sollte man nach Hause gehen", sagt sie. „Aber zu Hause feiern wir in den nächsten Tagen das Pessach-Fest ja noch weiter."

Am anderen Morgen sitzt die ganze Familie fröhlich beim Frühstück, immer noch in guter Feierlaune. Sie erzählen sich gegenseitig, was ihnen beim Pessach-Fest bei Opa Matthäus besonders gut gefallen hat: die Gedächtnisfeier selbst und danach das muntere Plaudern, die interessanten Geschichten, die lustigen Witze und das leckere Essen. Da platzt Debora auf einmal ungeduldig ins Gespräch und fragt: „Eines habe ich gestern Abend nicht verstanden. Opa sagte, das Schlussgebet sei aus den Palmen." Simeon lacht und verbessert: „Ach, das hast du falsch verstanden, Opa meint die Psalmen." „Und was sind Psalmen?" Ja, das weiß Simeon, das hat er in der Synagogenschule kennengelernt: „Psalmen sind eigentlich Gebetslieder, die meisten und schönsten hat unser König David vor vielen Jahren gedichtet und zu seiner Harfe gesungen. Schön, dass es die heute noch gibt; denn sie sind in unseren Heiligen Schriften aufgeschrieben und noch erhalten." Mutter Hanna erinnert sich dann: „Mein Vater mochte die Psalmen besonders gerne. Viele davon hat er uns oft vorgebetet. Deshalb kenne ich heute noch einige Teile daraus auswendig. Am allerliebsten mag ich diese Stelle:

Der Herr ist mein Hirte,
nichts wird mir fehlen.
Er weidet mich auf saftig grünen Wiesen
und führt mich an frische Quellen.
Er gibt mir immer neue Kraft
und leitet mich auf sicheren Wegen,
weil er mein guter Hirte ist.
Auch wenn es mal durch dunkle Täler geht,
selbst dann brauche ich mich nicht zu fürchten.

„O, ja, das gefällt mir auch ganz gut, weil es so vertrauensvoll ist und Mut macht", sagt Debora. Die Mutter ergänzt:

„Mein Vater sagte immer, die Psalmen seien Gebete für helle, aber auch für dunkle Stunden im Leben." „Kennst du noch einen für dunkle Stunden?", will Debora wissen. „O ja:

Gott, mein Gott, warum hast du mich verlassen?
Warum bist du so weit weg von mir?
Weit und breit ist keiner, der mir hilft.
Wende dich doch jetzt nicht ab von mir.
Denn groß ist meine Angst."

„O weh“, sagt Debora und zieht nachdenklich die Stirne kraus.

„So ist nun mal das Leben“, wirft Vater Jonatan ein, „es scheint ja schließlich nicht immer die Sonne!“ „Doch, doch“, protestiert Simeon, „die Sonne scheint eigentlich immer, auch wenn dunkle Wolken davor sind und wir sie nur nicht sehen.“ Das ist zu viel für Debora. Sie beschimpft ihren Bruder: „Du Besserwisser!“ Und der Vater erwidert: „Aber recht hat er trotzdem!“

Der Bote Gottes gilt nichts in seiner Heimat

Vater Jonatan hat einen guten Fischfang gemacht. Simeon kommt ihn am frühen Abend abholen und hilft ihm, die Fische in einem großen Korb nach Hause zu tragen. Sie sollen am nächsten Morgen auf dem Markt verkauft werden. Da begegnet ihnen ein fremder Wanderer. Er ist mit Staub bedeckt und macht einen müden Eindruck. Vater Jonatan spricht ihn an. „Woher des Weges?“

„Aus Nazaret. Schon gestern in der Frühe bin ich aufgebrochen. Ein Vogel würde nur ein paar Stunden bis hierher brauchen. Eine allzu große Entfernung ist das ja eigentlich nicht. Aber auf der Erde ist der Weg nun mal beschwerlicher. Berge musst du umgehen, manchmal wilden Tieren ausweichen. Räubern, die gelegentlich in dieser Gegend sind, bin ich zum Glück nicht begegnet. Meistens war ich ganz alleine, das ist ganz schön einsam. Und dann kein Wölkchen am Himmel. Bei der heißen Sonne bist du froh, wenn du mal einen schattigen Strauch oder Baum findest. Und dann der Durst, mein Wasservorrat reichte kaum aus." Er wischt sich den Schweiß von der Stirn. Nun hat er endlich sein Ziel erreicht. Er will zum See Gennesaret, dort würde morgen Jeschua predigen, hat er gehört.

Das alles findet Simeon spannend; denn aus Nazaret kommt ja auch Jeschua. Da fragt er den Fremden freiheraus, dann müsse er doch eigentlich Jeschua auch persönlich kennen.

„Ja, ja", sagt der Fremde, „ich sah ihn früher öfter in unserer Stadt. Dort arbeitete er bei seinem Vater Josef, dem Zimmermann. Ich sah ihn aber auch gelegentlich in unserer Synagoge, bis es dort eines Tages einen heftigen Streit gab." „Streit?", fragt Simeon erstaunt, „warum denn Streit?" „Ihr wisst doch auch, wie das so in der Synagoge zugeht: Irgendeiner liest aus den Heiligen Schriften vor, und der Rabbi erklärt es den Leuten. Und vor fast zwei Jahren kam an einem Sabbat auch Jeschua in unsere Synagoge. Er las aus dem Buch des Propheten Jesaja vor und predigte auch darüber. Anfangs waren die Leute mucksmäuschenstill und hörten gut zu. Ich glaube, sie fanden gut, was Jeschua sagte:

Der barmherzige Gott will den Elenden die frohe Botschaft bringen, den Armen helfen, die Trauernden trösten, die Sklaven und Gefangenen befreien, die Blinden wieder sehend machen und wieder Gerechtigkeit herstellen. Doch dann hielt ich die Luft an, als er behauptete: *Gott hat mich bevollmächtigt, das alles zu bewirken. Ich soll das Jahr des Heils ausrufen, in dem Gott der Herr sich seinem Volk gnädig zuwendet.*

Da wurden die Menschen wütend und schrien durcheinander: *Was bildet der sich ein? Ist er nicht der Sohn des Zimmermanns? Ist nicht Maria seine Mutter? Sind nicht Johannes, Simon und Judas seine Brüder? Woher hat er das alles bloß? Er hat doch nur ein einfaches Handwerk erlernt, und nun spielt er sich auf wie ein Prophet!* – Ehrlich gesagt, auch ich war damals sprachlos. Jeschua soll doch nicht so tun, als wäre er etwas Besonderes, dachte ich, er ist doch schließlich nur einer von uns hier aus Nazaret.

Nachdem die Leute ihn damals weggejagt hatten, war Jeschua lange nicht mehr in unserer Stadt zu sehen. Das ließ mir keine Ruhe. Ich wollte es genau wissen. Deshalb bin ich zu seinen Predigten gepilgert, wann immer ich konnte. Und was ich da alles von ihm gehört habe, das klang sehr vernünftig. Er sprach aus tiefem Herzen, das merkte ich immer. Alles, was er von Gott sagte, das klang doch sehr überzeugend."

Nachdem der Fremde das erregt erzählt hat, ist er so erschöpft, dass er sich einen Augenblick hinsetzen muss. Auch Vater Jonatan ist ergriffen. Er hat ja auch schon einige Predigten Jeschuas miterlebt.

Simeon klatscht vor Freude in die Hände, als der Vater den Fremden nach Hause einlädt: „Unser Haus ist zwar klein, und wir sind sechs Personen, aber eine Schlafstätte für diese Nacht finden wir immer noch für dich." Bevor Jonatan den Fischkorb aufhebt, schaut er den Fremden ernst an und meint: „Wer weiß, vielleicht ist Jeschua doch der Messias, auf den unser Volk so lange wartet!" „Wer weiß, wer weiß!", antwortet der Fremde.

Selbst durch das Dach bringen sie einen Gelähmten zu Jeschua

Vor dem Abendessen hat sich der fremde Wanderer etwas ausgeruht und frisch gemacht. Dann gibt es eine leckere Fischsuppe, für deren guten Geschmack Mutter Hanna bekannt ist. Dazu gibt es in Öl eingelegte Sardinen mit Fladenbrot und Oliven und für die Großen noch Landrotwein. Mittlerweile ist der Fremde gar nicht mehr fremd – darum nennen sie ihn am Tisch nun alle Joab.

„Vor einiger Zeit war ich schon einmal in eurer Stadt", erzählt der Gast. „Jeschua predigte damals in einem Landhaus. Da war ich nicht der Einzige, der dorthin wollte. Von allen Seiten strömten viele Leute herbei. Es war kein Denken daran, ins Haus zu gelangen. Ich kam gerade noch in den Vorhof. Und in der Gasse drängten sich noch mehr Menschen. Einige waren krank und gebrechlich. Die wollten Jeschua nicht nur sehen und hören, sondern ihn sogar berühren, in der Hoffnung, geheilt zu werden. Aber, wie gesagt, sie hatten kaum Gelegenheit, ins Haus hineinzukommen. Jeschuas Predigt verstehen konnte man draußen nicht. Nur manchmal gingen ein paar Bibelsprüche oder Gedankenfetzen Jeschuas von drinnen nach draußen, von Mund zu Mund.

Plötzlich hörte man ein Reißen und Klopfen. Woher kamen die Geräusche? Vom Dach des Hauses. Ja, da haben doch tatsächlich ein paar Männer ein Loch ins Dach geschlagen! Das ist ja bei einem Landhaus nicht schwer. Sie haben einfach Äste, Reisig und Stroh auseinandergerissen und den festgestampften Lehm zwischen den Balken durchstoßen. Die Leute, die das von drinnen miterlebt hatten,

erzählten später, dass plötzlich Männer eine Bahre mit einem Gelähmten durch das Dachloch geschoben und mit dicken Stricken heruntergelassen hätten, Jeschua genau vor die Füße. Der staunte selbst, aber mit einem Lächeln habe er den Kranken geheilt, weil sein Glaube so groß war. Und ich selbst habe gesehen, dass ein Mann mit einer Tragbahre das Haus verließ. Man sagte, einige der Pharisäer hätten sich darüber aufgeregt und sich mit Jeschua angelegt. Tja, Jeschua ist sehr oft hier in Kafarnaum, und man erzählt sich manche Heilungsgeschichten.

Vor einiger Zeit kam sogar der römische Centurio zu Jeschua und bat ihn, seinen kranken Knecht zu heilen. Und Jeschua hat ihn geheilt; er fragt ja nicht nach Freund oder Feind. Und stell dir vor, der Centurio hat aus lauter Dankbarkeit eine wunderschöne, neue Synagoge in unserer Stadt bauen lassen. Ist das nicht ein doppeltes Wunder? Von einem Römer hätte ich das nicht vermutet, schon gar nicht von einem Offizier", staunt Joab.

Debora hat sich das alles interessiert angehört, doch brennt ihr noch eine wichtige Frage auf der Zunge: „Wenn Jeschua alle Kranken heilen kann, warum laufen dann immer noch Kranke in unserer Stadt herum? Manche Kranke werden sogar aus unserer Stadt vertrieben!" Vater Jonatan sagt nachdenklich: „Gewiss, Jeschua hat viele kranke Menschen wunderbar geheilt, denen niemand bis dahin helfen konnte. Aber Onkel Andreas, der ja fast täglich mit Jeschua zusammen ist, hat mir einmal gesagt, selbst Jeschua würde nicht alle Menschen heilen. – Doch eines jedenfalls hat Jeschua deutlich gemacht: Krankheit ist keine Strafe Gottes. Deshalb darf man Kranke nicht ausstoßen und aus der Stadt vertreiben. Im Gegenteil, man muss ihnen helfen." – Und so erzählen sie sich noch bis in die Nacht hinein Geschichten aus Nazaret und Kafarnaum.

Wie heilig ist der Sabbat?

Es ist Sabbat, der siebte Tag in der Woche. Da nach den Heiligen Schriften der Schöpfer am siebten Tag der Schöpfungswoche ruhte, sollen auch die Juden den siebten Wochentag als Gebets- und Ruhetag pflegen. So steht es im Gesetz, den Zehn Geboten Jahwes. Deshalb darf keiner arbeiten, keinen unnötigen Handgriff machen, nicht einmal zu viele Schritte gehen, sondern man soll beten und in den Schriften lesen, in der Synagoge oder zu Hause. Die Pharisäer achten streng darauf, dass dies auch peinlich genau eingehalten wird. Also geht auch Vater Jonatan mit seiner Familie an diesem Sabbat in die Synagoge. Das tun sie gerne, denn dort treffen sie immer nette Nachbarn, Freunde und andere fromme Juden. Simeon geht mit dem Vater auf die Männerseite, Mutter Hanna mit den beiden Töchtern auf die Frauenempore, etwas abgeschirmt auf der linken Seite. Von Freunden haben sie eben erfahren, dass auch Jeschua erwartet werde, er sei gerade ein paar Tage in Kafarnaum.

„Da, da kommt er, seht, da kommt er!“, ruft Debora aufgeregt und starrt auf die Eingangstür. Tatsächlich, kurz vor Beginn des Gottesdienstes betritt Jeschua mit ein paar Freunden die Synagoge. Manchmal lässt man ihn auch predigen. Doch diesmal hört er zu und sitzt still auf seinem Schemel, nur die Gebetsschnur gleitet durch seine Hand. Als nun die Predigt des Rabbis zu Ende ist, erhebt sich Jeschua und sagt laut und deutlich: „Ich hörte, ein Mann mit einer verdorrten Hand sei hier, weil er Schmerzen hat und geheilt werden möchte.“ Ein Pharisäer faucht ihn wütend an: „Weißt du nicht, dass heute Sabbat ist, heiliger Sabbat? Heute heilen, nein, das verstößt gegen unsere Gesetze!“ Gelassen entgegnet Jeschua: „Ist es etwa nach unserem Gesetz verboten, am Sabbat Gutes zu tun? Darf man am Sabbat nicht einem Menschen helfen, ihn von seinen Schmerzen befreien?" „Nein, nein, auch das darf man nicht!", rufen einige Pharisäer. „Ihr Heuchler", antwortet Jeschua zornig. „Und wenn euch ausgerechnet am Sabbat ein Schaf in die Grube fällt, dann seid ihr doch die Ersten, die es herausholen! Ist denn ein Mensch nicht viel wertvoller als ein Schaf?" Während er so spricht, schaut er sie der Reihe nach streng an. Denn er ist verärgert und traurig, dass sie so engstirnig und hartherzig sind. Einige gehen empört nach draußen, andere bleiben sitzen. „Komm in die Mitte!", fordert Jeschua den Kranken auf. „Und strecke deine kranke Hand aus!" Der Mann kommt scheu zu ihm und tut das. Jeschua berührt die kranke Hand nur kurz, und siehe da: Der Mann kann seine Hand wieder bewegen! Er weint vor Freude und fällt aus Dankbarkeit vor Jeschua auf die Knie.

Da platzt den Anhängern der Pharisäer der Kragen: „Der lästert Jahwe! Der schändet den Sabbat! Was bildet der sich bloß ein?" Laut schimpfend verlassen auch sie die Synagoge.

Die meisten aber bleiben. Einige scharen sich um Jeschua und diskutieren mit ihm. Debora hält es nicht mehr auf der Bank, sie reißt sich von ihrer Mutter los und stürmt ebenfalls in die Mitte. Die Leute lassen sie nicht nahe genug an Jeschua heran. Da ruft sie ganz laut von Weitem: „Das hast du gut gemacht, Jeschua. Danke! Das war prima, Jeschua!" Der lächelt und sagt zu seiner Umgebung: „Seht ihr, Kinder erkennen oft besser als manche Erwachsene, was gut ist." Die Pharisäer aber stehen draußen vor der Tür und beraten, wie sie diesen Gesetzesbrecher, der ihre Ordnung immer wieder stört, beseitigen, wenn nicht sogar töten könnten.

Simeon fragt betroffen seinen Vater: „Warum ist eigentlich unser Sabbatgesetz so streng?"

„Es ist meines Erachtens grundsätzlich gut“, überlegt der Vater, „dass man nach sechs harten Arbeitstagen einmal innehält und sich ganz auf die Heiligen Schriften und auf Gott besinnt, wozu man wochentags oft nicht kommt. Auch der Körper braucht Ruhe und Entspannung. Aber man darf es auch nicht übertreiben.“ Einem Nachbarn, der bei ihnen steht, fällt ein: „Stell dir vor, vor langer, langer Zeit haben doch bewaffnete Feinde an einem Sabbat unser Land überfallen. Und, man kann es nicht glauben, kein Jude hat sich gewehrt, sondern sich lieber töten lassen, als das strenge Sabbatgesetz zu brechen. Ist das nicht Starrsinn?“ Simeon nickt zustimmend: „Das will ich doch meinen. Wenn einer in Not ist, dann soll man ihm helfen, auch wenn es am Sabbattag ist. Deshalb finde ich auch Jeschua so toll.“

Jeschua geht nach dieser Aufregung mit seinen Freunden weiter, und auch Jonatan geht nachdenklich mit seiner Familie und einem Nachbarn nach Hause. Sie sind gespannt, was nun wohl die anderen Nachbarn dazu sagen werden.

Jeschua übersieht niemanden

Vater Jonatan kommt aufgeregt aus der Synagoge nach Hause: „Ich habe wieder Neuigkeiten von Rabbi Jeschua! Was ich heute erlebt habe! Ihr könnt es euch nicht vorstellen. Es ist unglaublich!“ – „Was war denn los? Du bist ja völlig außer dir!“, ruft Mutter Hanna. Sara, Simeon und Debora platzen bald vor Neugier. –Vater erzählt: „Rabbi Jeschua war heute wieder in unserer Synagoge, um zu uns zu sprechen. Und jetzt stellt euch vor, wer noch da war: die Frau mit dem krummen Rücken. Ihr kennt sie doch, die, die immer durch unsere Straßen schlurft und bettelt. Ihr Kopf hängt ja so herunter, dass sie nur die Erde sehen kann. Ob Gott sie nicht doch für etwas Böses bestraft hat? Deshalb gucken wir sie in unserer Stadt ja auch gar nicht mehr an. Die hat sich heute tatsächlich getraut, in die Synagoge zu kommen. Wir waren alle wütend. Was wollte die bei uns? Am liebsten hätten wir sie rausgeschmissen."

„Was hat Jeschua denn gesagt?", will Debora wissen. „Tja, gute Frage! Er hat sie sofort gesehen und sie zu sich gerufen. Mühsam hat sie sich an uns Männern vorbei nach vorne zu ihm geschleppt und versucht, ihren Kopf zu heben." – „Hat Jeschua sie fortgeschickt?", Simeon ist ja so gespannt. „Nein, alles kam ganz anders. Die Gekrümmte muss sofort gespürt haben, dass Jeschua sie nicht verachtet wie wir."

O weh, Simeon muss daran denken, wie sein Freund Ruben und er immer dumme Sprüche hinter ihr herrufen. Wenn Jeschua das wüsste! Gespannt hört er weiter zu: „Rabbi Jeschua berührte die krumme Frau liebevoll an ihren Schultern und sagte zu ihr: *Vertraue mir, richte dich auf, steh gerade, sieh den Himmel, du brauchst nicht mehr klein und krumm zu sein. Schau mich an, vertraue mir, du bist nun gesund!* Die Frau muss Jeschua tatsächlich tief und fest geglaubt haben. Sie hob nämlich langsam ihren Kopf, Stückchen für Stückchen, und – stellt euch vor, sie schaffte es – sie streckte ihren Rücken, bis er ganz gerade war. Sie rief voller Freude: *Rabbi, du verachtest mich nicht. Du hast mich zu dir gerufen, ganz nahe zu dir. Du magst mich. Du hast mir Kraft gegeben. Du kommst bestimmt von Gott. Ich bin nicht mehr krumm. Niemand kann mich mehr verspotten und ausschließen. Gott, ich will dir danken und dich loben! – Ja*, sagte Jeschua, *du bist gesund. Dein Vertrauen hat dir geholfen. Gott will, dass es dir gut geht*. Die Frau schaute uns stolz an. Sie war nicht wiederzuerkennen."

Vater Jonatan blickt nachdenklich zu Hanna und seinen Kindern: „Ich glaube, Rabbi Jeschua erwartet von uns, dass wir von ihm lernen: Wir sollen wie er hinschauen, wo jemand ausgeschlossen ist und Hilfe braucht. Niemand soll krumm gemacht werden. Wir sollen einander helfen, aufrecht zu stehen, gesund und froh zu werden. Wir müssen darüber nachdenken." Ja, denkt Simeon, das muss ich sofort meinem Freund Ruben erzählen. Der wird Augen machen.

Ein Blindgeborener kann sehen

Vater Jonatan hat sich heute etwas Zeit genommen, um am Stadtrand einen Freund zu besuchen, mit dem er etwas besprechen will. Debora fragt den Vater, ob sie ihn begleiten dürfe. Da der Vater viel auf See zum Fischfang ist, sieht sie ihn nicht allzu oft. Das wäre jetzt eine gute Gelegenheit, den Vater ein paar Stunden ganz für sich alleine zu haben. So geht sie stolz neben ihm her und muss sehen, dass sie mit seinen langen Beinen Schritt halten kann.

Nach einer Weile sehen sie an einer Gassenecke eine kleine Menschenansammlung.

„Ob da etwas passiert ist?", fragt Debora beunruhigt.

„Weiß nicht! Ich bin auch neugierig. Gehen wir mal hin."

Die Menschen dort diskutieren heftig mit einem Mann, der in ihrer Mitte steht.

„Nanu, ist das nicht der Mann, der oft am Stadttor um Almosen bettelt? Der ist doch blind", merkt Vater an.

„Blind kann er eigentlich nicht sein; er schaut ja die Leute intensiv an, mit denen er gerade spricht", entgegnet Debora. „Gehen wir etwas dichter heran!"

Seine Nachbarn fragen den Mann in der Mitte, wie es komme, dass er nun sehen könne. Vor einigen Tagen habe man ihn doch noch als Blinden betteln sehen. Da erzählt er:

„Das war alles sehr eigenartig. Mein bester Freund hatte in Jerusalem zu tun. Weil er auf der Reise nicht ganz allein sein wollte, nahm er mich in seinem Eselskarren mit. Als wir uns von dort auf den Heimweg machen wollten, kamen Menschen auf uns zu und blieben bei uns stehen. Einige fragten laut, ob meine Blindheit nicht eine Strafe Gottes sei. *Nein, nein*, antwortete der Mann, den sie Jeschua nannten. Er rief mich zu sich und nahm mich bei der Hand. Dann sprach er etwas, was ich nicht verstanden habe, machte mit seiner Spucke und etwas Erde einen Brei und bestrich damit meine Augen. Das fühlte sich eigenartig, aber warm und gut an. Dann sagte er mit sanfter Stimme: *Geh dort zum Teich Schiloach und wasche dein Gesicht!* Mein Freund führte mich dorthin, und ich wusch mich. Da fiel es mir wie Schuppen von den Augen, und ich konnte sehen. War das eine Freude, das könnt ihr euch gar nicht vorstellen. Ich kann alles um mich herum deutlich erkennen!“

Eine Nachbarin unterbricht ihn: „Du warst doch gestern bei den Pharisäern und wolltest dich für gesund erklären lassen, was haben die denn gesagt?“ „Die waren sehr unfreundlich und böse zu mir, als ich ihnen erzählte, wie es geschehen war. Dieser Jeschua behaupte, er sei von Gott gesandt, sagten sie. Das könne doch unmöglich sein, wenn er das Sabbatgesetz schon wieder nicht eingehalten hätte. *Wie kann nur ein Sünder solche Zeichen tun?*, fragten sie. Als sie schließlich weiter fragten, was ich selbst von diesem Heiler hielte, antwortete ich: *Für mich ist er ein Prophet. Ob er ein Sünder ist? Das glaube ich nicht. Doch eines weiß ich, dass ich blind war und jetzt sehen kann. Und wenn dieser Mensch nicht von Gott wäre, dann hätte er mich nicht heilen können.* Daraufhin jagten sie mich fort und schimpften laut hinter mir her.“ Das empört seine Nachbarn, und sie schimpfen über diese Pharisäer. Andere schütteln den Kopf.

Debora ist ergriffen: „Dass ich das erleben darf! Nur schade, dass wir an diesem Sabbat nicht selbst dabei waren, als Jeschua den Blinden heilte.“ Der Vater erinnert: „Jeschua behauptet ja immer, Gott habe ihm Macht gegeben zu heilen, weil Jahwe das Heil der Menschen will: Blinde würden wieder sehen und Lahme würden wieder gehen können.“ Nach einer kleinen Gedankenpause fügt er hinzu: „Nur weiß ich

nicht, ob Jeschua damit nur die Kranken meint. Ich glaube, er meint auch uns alle, wenn wir blind sind für unsere Umwelt und lahm in unseren Handlungen. Dann ist seine Lehre vom Gottesreich für unser Leben heilsam."

Tief berührt gehen Vater und Tochter nach diesem Erlebnis weiter. Unterwegs will Debora noch wissen, warum die Pharisäer eigentlich so streng sind und so viel zu sagen haben. Vater Jonatan versucht es zu erklären: „Die Pharisäer sind keine Priester, sondern Schriftgelehrte. Sie haben die Tora, das sind unsere Heiligen Schriften, und die anderen jüdischen Gesetze lange und gründlich studiert. Und sie achten peinlich genau darauf, dass sie von allen Menschen eingehalten werden. Einmal in der Woche fasten sie sogar und geben den zehnten Teil ihres Einkommens an die Tempelkasse. Damit wollen sie ein Zeichen setzen für ein gottgefälliges Leben. Weißt du, Debora, als Kind ging ich einigen von ihnen möglichst aus dem Wege, denen, die immer so strenge und verbissene Gesichter hatten." Er versucht das durch Grimassenschneiden nachzumachen. Das findet Debora lustig und muss laut lachen. Auch Vater lächelt: „Aber, alles was recht ist, ich kenne auch einige Pharisäer, die ganz locker und freundlich sind, die können auch mal lachen." Dann ergänzt er: „Die meisten Pharisäer sind zwar erbitterte Feinde Jeschuas, weil er die Ordnung stört und anderes von Gott erzählt als sie selbst. Aber es gibt auch einige von ihnen, die Jeschuas Lehren ziemlich nahestehen. Nur wollen sie es nicht gerne öffentlich zugeben."

Eine neue Jeschua-Spur

Wenn Simeon keine Synagogenschule hat und zu Hause nichts Wichtiges zu erledigen ist, dann begleitet er gerne seinen Vater an den See, um ihm zu helfen, beschädigte Fischernetze zu flicken. Dort sind auch immer andere Fischer, die sich dieses und jenes erzählen. Simeon hört ihnen immer gern zu.

Heute weiß der alte Fischer Jason aus der Vorstadt interessante Seemannsgeschichten zu erzählen, beispielsweise wie sie in einen unerwarteten Sturm gerieten und sogar einmal mit ihrem Boot kenterten. Und wie sie dann im See, an eine Planke geklammert, lange umhertrieben, bis ein anderes Boot sie rettete. Ein anderer Fischer erinnert an einen überreichen Fischfang, bei dem die Netze zu zerreißen drohten. Aber sie erzählen sich auch Gruselgeschichten von der römischen Besatzungsmacht und schließlich auch Wundergeschichten von Jeschua. Und bei diesen spitzt Simeon besonders die Ohren.

Der alte Fischer aus der Vorstadt erzählt zum Beispiel von einem Jungen aus seiner Nachbarschaft. Oft hat er erlebt, dass der arme Kerl plötzlich aufschreit, sich mitten auf der Gasse hinfallen lässt und seinen Körper wie ein Wurm hin- und herwindet, bis ihm Schaum vor dem Mund steht. Nun, seit Wochen verhalte er sich erstaunlich normal, wie die anderen Kinder. Was ist geschehen? Der Alte erzählt: „Der Vater des Jungen suchte Jeschua bei einer kleinen Menschenansammlung auf und rief mit lauter Stimme: *Mein einziges Kind wird von einem bösen Geist geplagt. Rabbi Jeschua, hab Erbarmen, hilf ihm! Ich habe zwar deine Jünger schon gebeten. Die aber konnten ihn nicht heilen. Bitte, Jeschua, hilf du ihm doch!* Jeschua ließ den Jungen herbringen. Der warf sich auch hier vor seinen Füßen zu Boden und schrie erbärmlich.

Dabei zuckte er am ganzen Körper. Mit äußerster Kraftanstrengung hielt Jeschua ihn fest und sprach laut und deutlich ein energisches Machtwort. Da erst wurde der Junge ganz ruhig und stand auf. – Hat der Rabbi nun einen bösen Geist ausgetrieben oder den Jungen von einer schlimmen Krankheit geheilt? Ich weiß es nicht! Doch eines weiß ich: Jeschua will das Heil der Menschen, und dafür sorgt er, wo er nur kann." „Das kannst du wohl sagen", flüstert Simeon überzeugt.

Hört Gott uns, wenn wir beten?

Sara und Debora kommen eines Tages mit zwei Freundinnen vom großen Brunnen zurück. Sie holen gerne Wasser, weil es am Brunnen viel zu hören und unterwegs viel zu schwatzen und zu lachen gibt. Auf ihren Köpfen tragen sie die Wasserkrüge nach Hause. Plötzlich bleibt Sara stehen: „Guckt mal, da sitzt ja Rabbi Jeschua. Sieht der aber müde aus. Das ist ja auch kein Wunder. Überall, wo er auftaucht, laufen die Leute zusammen." – „Gut, dass er im Schatten sitzt, heute ist es ja unglaublich heiß!", flüstert Debora. „Er sitzt so still da. Ich glaube, er betet." – „Jetzt hat er aufgehört zu beten!", ruft Sara. – Sie stellen ihre Krüge vorsichtig unter einen Baum und laufen zu ihm. Als sie vor Jeschua stehen, werden sie doch ein bisschen unsicher. Deshalb fragt Debora vorsichtig: „Rabbi, wir haben gesehen, dass du gebetet hast. Ich möchte dich gerne etwas fragen: Hört Gott uns wirklich, wenn wir beten? Weißt du das?" – Debora ist immer so vorlaut, denkt Sara, bestimmt wird Jeschua jetzt böse.

Aber der lächelt: „Kommt her, setzt euch zu mir. Ich freue mich, dass ihr zu mir gekommen seid. Ich will euch eine Geschichte vom Beten erzählen. Die Antwort auf eure Frage ist darin versteckt." Die Mädchen hocken sich auf den Boden. Und Jeschua erzählt:

„Es war einmal ein Mann, der bekam mitten in der Nacht Besuch von seinem Freund David, den er lange nicht gesehen hatte. David war auf der Durchreise und wollte gerne bei ihm übernachten. Der Mann freute sich sehr, als er seinen Freund wiedersah: *Selbstverständlich bist du mein Gast. Du hast sicher auch Hunger.* Er weckte seine Frau: *Komm schnell, unser Freund David ist überraschend gekommen, mach ein Essen für ihn.* Mit Schrecken stellte die Frau fest, dass kein Brot mehr da war. Zu dumm! *Warte*, rief der Mann, *ich laufe schnell zu unserem Nachbarn, vielleicht hat er noch ein wenig Brot.* Aber der Nachbar schlief tief und fest. Der Mann klopfte an das verschlossene Hoftor. Nichts rührte sich. Der Mann klopfte fester und trommelte zuletzt mit beiden Fäusten gegen das Tor, dass es nur so krachte. Endlich erwachte der Nachbar und schrie: *Wer haut da so unverschämt mitten in der Nacht gegen mein Tor? – Ich bin es*, rief der Mann. *Warum machst du denn zu dieser Zeit einen solchen Lärm? Du weckst ja alle auf.* Bald wurde der Riegel vom Hoftor zurückgeschoben und das Gesicht des Nachbarn lugte durch den Torspalt: *Also, was willst du? – Bitte, leih mir nur schnell etwas Brot. Mein Freund ist in der Nacht angekommen und hat Hunger.* Da holte der Nachbar einen schönen Brotfladen. Der Mann bedankte sich und lief schnell nach Hause. – Seht ihr, so wie der Mann mit seinem Nachbarn, so dürft ihr auch mit Gott sprechen. Ihr könnt rufen, aber auch schreien, lärmen und poltern. Er hört euch, egal, wie ihr mit ihm sprecht. Er will bei euch sein und euch stark machen, wie es das Brot tut."

Debora überlegt laut: „Unsere Mutter hat uns erzählt, dass Gott einen schönen Namen hat: Jahwe, und das bedeutet Ich-bin-da, Ich-bin-mit-euch. Dann muss er uns ja auch hören. Das meinst du sicher mit deiner Geschichte." – „Danke, Rabbi Jeschua!", rufen die Mädchen. „Wir müssen jetzt nach Hause." Sie setzen ihre Krüge wieder auf ihren Kopf und beeilen sich, ihren Müttern das Wasser zu bringen.

Zu Hause angekommen erzählen sie ihrer Mutter Hanna froh und aufgeregt, was sie Schönes mit Jeschua erlebt haben. Mutter Hanna fragt ganz erstaunt, ob Jeschua ihnen nicht von seinem Vater-Gebet erzählt habe. „Welches Vater-Gebet?“, fragen die Kinder interessiert. „Die Freunde Jesu, die immer bei ihm sind, haben den Rabbi mal gefragt, was und wie sie beten sollen. Da soll der Rabbi geantwortet haben, sie sollten nicht drauflosplappern, sie brauchten auch nicht viele Worte zu machen, denn der himmlische Vater wüsste schon, was sie brauchen. Sie sollten einfach andächtig beten:

Unser Vater im Himmel,
dein Name werde geheiligt,
dein Reich komme,
dein Wille geschehe,
wie im Himmel, so auf der Erde.
Gib uns heute das Brot, das wir brauchen.
Und erlass uns unsere Schulden,
wie auch wir sie unseren Schuldnern erlassen haben.
Und führe uns nicht in Versuchung,
sondern rette uns vor dem Bösen.

„Ach, das ist Jeschuas Vater-Gebet? Ja, das gefällt uns.“ Deshalb wollen sie es noch einmal hören, damit sie es besser behalten können.

Das Wunder vom kleinen Senfkorn

Simeon und sein Freund Ruben kommen aus der Synagogenschule. Viele Stunden sind sie fleißig gewesen. Sie haben ihrem Lehrer, dem Rabbi, zugehört, der ihnen aus der Schriftrolle vorgelesen hat. Sie mussten gut aufpassen, damit sie den Text wiederholen konnten. Simeon durfte heute sogar vorlesen. Nun sind sie froh, dass der Unterricht vorbei ist.

„Die Mädchen haben es gut. Die können zu Hause bleiben, die brauchen nicht zum Unterricht“, seufzt Simeon. – „Ich weiß nicht“, überlegt Ruben, „ich glaube, sie würden auch gerne mehr aus der Schriftrolle kennen und lesen lernen.“ – „Kann sein, Ruben. Komm lass uns noch einen Umweg machen und Heuschrecken fangen.“ Schnell laufen sie durch die Gassen. Plötzlich entdecken sie Debora. Sie hat schon auf sie gewartet. „Jeschua ist wieder in unserer Stadt!“, ruft sie. – „Nichts wie hin“, antwortet Simeon, und die Heuschrecken sind vergessen. Die Kinder hocken sich hinter einen großen Stein, damit die Männer sie nicht sehen und wegschicken. Sie spitzen neugierig die Ohren, denn Jeschua fängt gerade wieder an, eine Geschichte zu erzählen. Niemand kann ja so gut erzählen wie er:

„Schaut her, hier habe ich ein kleines Senfkorn zwischen meinen Fingern. Es ist so winzig, dass ich es kaum halten kann. Ihr wisst es ja selbst, es ist das kleinste Samenkorn, das wir haben. Völlig unbedeutend sieht es aus. Ein Bauer nahm einmal solch ein kleines Korn und säte es behutsam in die Erde seines Feldes. Immer wieder ging er auf sein Feld hinaus und beobachtete, wie sich nach einiger Zeit zunächst ein dünnes Hälmchen durch die Erdkruste schob und allmählich zu einer kleinen Pflanze heranwuchs. Der Bauer versorgte sie jeden Tag mit Wasser, damit

sie nicht vertrocknete. Er freute sich, wie aus der kleinen Pflanze ein großer Strauch wurde, größer als ein Mann, mit kräftigen Ästen und vielen Zweigen. Diese tragen grüne Blätter, herrliche Blüten und unzählige Samen. Die Vögel flogen herbei und bauten ihre Nester in seinen Zweigen. Wer hätte gedacht, dass in dem kleinen Korn so viel Kraft verborgen war? Ganz unbedeutend sah es doch einst aus! Aber alles, worüber die Menschen sich jetzt freuen, wenn sie in seinem Schatten ausruhen, hat schon in dem winzigen Körnchen geschlummert. Und das eine Senfkorn hat den Strauch und mit ihm unzählige neue Senfkörner hervorgebracht!“

Debora stupst ihren Bruder an: „Du, Simeon, ich glaube, der meint auch uns. Wir sind nicht unwichtig und dumm, wie manche Väter immer meinen, nur weil wir Kinder sind. Die sollen mal sehen, was aus uns noch werden wird.“ – „Sei still!“, flüstert Simeon zurück, „Jeschua spricht noch weiter.“

„Wie mit dem Senfkorn, so ist es auch mit Gottes neuer Welt, von der ich euch erzähle: Alle sollen füreinander da sein, niemand soll ausgestoßen werden, die Kranken sollen geachtet und gepflegt werden; mit den Armen sollen wir teilen; wir sollen Gott lieb haben und auch zu den Menschen gut sein wie zu uns selbst. Die neue Welt ist jetzt noch so klein wie dieses winzige Senfkorn. Wir müssen sie pflegen, damit sie wachsen kann und ihre Samen sich in unserer Welt verbreiten.“

Wer ist mein Nächster? – Vom barmherzigen Samariter

Wie so oft, kommt auch an diesem Tag Mirjam, um ihre Freundin Debora zum Spielen abzuholen. Mutter ist zwar einverstanden, doch vorher soll Debora noch mit ihrer älteren Schwester Sara einen Krug Wasser vom Brunnen holen. „Da gehe ich mit“, sagt Mirjam, „gebt mir auch einen Krug!“ Die drei Mädchen biegen fröhlich in die Hauptgasse ein. Plötzlich stocken sie. Von nicht allzu weit kommt ihnen ein junger Mann entgegen. Seiner Kleidung nach muss es ein Römer sein. Sara schubst Debora und Mirjam nach rechts in die kleine Seitengasse, um dem Römer aus dem Weg zu gehen. Doch bald hören sie schnelle Schritte hinter sich. Als sie sich ängstlich umdrehen, erkennen sie den Römer. Er scheint nicht viel älter zu sein als sie selbst. Er ruft hinter ihnen her: „Warum lauft ihr vor mir weg? Ich will euch doch nur fragen, wie ich am schnellsten zum See komme.“ „Ja, wir dürfen aber keinen Römer begleiten, das haben uns unsere Eltern verboten.“ „Ich tue euch doch nichts, oder sehe ich so gefährlich aus? – Aber wenn ihr mir den Weg nicht zeigen wollt, dann sagt mir wenigstens, wie ich ihn finden kann.“ Das tun die Mädchen dann auch. Da bedankt sich der junge Römer recht freundlich und geht schnell voraus; denn er will die Mädchen nicht unnötig in Verlegenheit bringen. Nach ein paar Schrecksekunden bemerkt Mirjam: „Das war doch halb so schlimm, Sara. Warum hast du nur so einen roten Kopf?“ „Hm, ich habe mir einen Römer wirklich schlimmer vorgestellt. Aber der war doch sehr, sehr nett und freundlich!“ „Und gut aussehen tut er auch“, kichert Mirjam. Da müssen alle drei schrecklich lachen.

Als der Vater abends nach Hause kommt, wollen Sara und Debora auch ihm diese Geschichte erzählen. Jonatan zieht die Augenbrauen hoch und sagt: „Tja, das stimmt, die Römer sind unsere Feinde, sie besetzen unser Land, und die Soldaten sind nicht immer friedlich. Aber Jeschua denkt da ganz anders als wir. Es ist noch nicht lange her, da erzählte er uns eine Geschichte und die ging so:

Ein Mann ging von Jerusalem nach Jericho. Unterwegs überfielen ihn Räuber. Sie schlugen ihn zusammen und raubten ihn aus. Als er halb tot dalag, kam ein Priester vorbei. Er sah zwar den Mann dort liegen, ging aber weiter. Genauso machte es ein Levit. Auch er ging vorbei und ließ den schwer verletzten Mann dort liegen. Erst als ein Reisender aus Samaria kam, hielt der sein Pferd an und ging zu dem verletzten Mann hin. Er behandelte seine Wunden mit Öl und Wein und verband sie, denn er hatte großes Mitleid mit dem Hilflosen. Schließlich hob er ihn auf sein eigenes Reittier und brachte ihn ins nächste Gasthaus. Dort pflegte er ihn bis zum nächsten Morgen. Dann aber musste er dringend weiter. Doch gab er dem Wirt noch Geld, damit der ihn weiterpflegen konnte. Wenn du noch mehr Geld brauchst, sagte er zu ihm, bekommst du es in ein paar Tagen, wenn ich zurückkomme. Erst dann setzte er sich auf sein Pferd und ritt davon.“

Auch Simeon hat dem Vater gespannt zugehört: „Die Geschichte ist stark, sie gefällt mir. Aber was hat sie mit den Römern zu tun?“ „Das kann ich dir erklären. Auch die Samariter mögen wir nicht. Mit denen will keiner von uns etwas zu tun haben. Und Jeschua will uns mit dieser Geschichte klarmachen: Ob nun Freund oder Feind, wer Hilfe braucht, dem muss man helfen. Der ist in dem Augenblick unser Nächster. Außerdem ist Jeschua fest davon überzeugt, dass man selbst seine Feinde lieben muss, damit die Menschen friedlich zusammenleben können.“

„Seine Feinde lieben, das stelle ich mir nicht einfach vor. Ich weiß nicht, ob ich das kann“, meint Simeon. Sara glaubt das auch, aber sie gibt zu bedenken: „Es gibt bei den Samaritern und auch bei den Römern sowohl böse als auch liebe Menschen, wie auch bei uns hier“, und etwas leiser fügt sie hinzu: „Nur schade, dass ich die Geschichte von Jeschua erst heute Abend kennenlerne. Ehrlich gesagt, allzu gerne hätte ich heute Morgen den netten Römerjungen zum See begleitet.“

Soll man seine Feinde lieben?

Dass man seine Feinde lieben soll, das beschäftigt Simeon tagelang. Wenn er Krach mit einem Freund hat, kann er sich noch vorstellen, sich wieder zu vertragen. Aber wenn zum Beispiel ein Römer einen friedlichen Menschen brutal ins Gefängnis wirft, nur weil er anders über den Kaiser denkt und spricht als die Römer? Und wenn der im Kerker der Vater einer Familie ist, so können seine Kinder diesen römischen Soldaten doch nicht lieben!

Als Simeon so nachdenkt, fällt ihm ein: Es gibt doch eine Geschichte, in der Jeschua selbst einmal wütend wurde. Das war doch auch keine Feindesliebe, denkt er sich. Diese Geschichte will Simeon noch einmal ganz genau hören. Der Töpfer Joram hat sie selbst erlebt und mehrmals erzählt. Deshalb geht Simeon ihn besuchen.

„Na ja“, erinnert sich Joram, „es war Pessach, und im Tempel von Jerusalem erwartete man viele Pilger. Weißt du, da haben wir Kaufleute gedacht: Wenn so viele Menschen kommen, dann können wir bestimmt viel verkaufen und gut verdienen. Die meisten dort verkaufen Opfertiere, Rinder, Schafe, Tauben. Andere wechseln Geld für die Tempelsteuer.“ „Wozu opfert man denn Tiere?“, fragt Simeon neugierig. „Ja, die Tiere werden dort geschlachtet und dann größtenteils als Brandopfer verbrannt, damit der Opferrauch zum Himmel emporsteigt, um Gott zu danken und ihn gnädig zu stimmen.“

„Und was macht man mit der Tempelsteuer?“, will Simeon noch wissen. „Damit wird alles bezahlt, was mit dem Tempel zu tun hat. Verschönerungen und Reparaturen, Priesterdienste und Ausstattungen, das Brennholz und so weiter. Ich bin also mit meinem Eselskarren zum Tempel gefahren. Wir haben Tische aufgestellt und unsere Waren ausgebreitet, ich habe meine Tontöpfe präsentiert. Es war viel los; es gab genug Pilger, die sich mehr an den Verkaufsständen aufgehalten haben als im Tempel. Plötzlich ist Jeschua gekommen. Er hat gerufen und geschrien: *Macht den Tempel Gottes doch nicht zu einer Räuberhöhle!* So zornig habe ich ihn noch nie gesehen. Er ist wütend hin und her gelaufen und hat empört die Tische umgestoßen. Meine schönen Töpfe sind in tausend Scherben zerbrochen! Dann hat Jeschua alle Händler aus dem Tempel gescheucht. Es gab ein heilloses Durcheinander."

Joram macht eine Pause und seufzt tief, dann lächelt er ein wenig: „Ja, damals war ich natürlich sehr verärgert. Heute denke ich ganz anders darüber. Der Tempel Gottes ist ein heiliger Ort. Dorthin pilgern fromme Juden von weit her. Dort beten sie. Dort legen sie ihre Heiligen Schriften aus, und dort bringen sie ihre Opfergaben dar. Der Tempel ist nun mal kein Warenhaus. Da muss ich an Jeschua denken, der einmal gesagt haben soll: *Gebt Gott, was Gottes ist, und gebt dem Kaiser, was des Kaisers ist.* – Hier würde er bestimmt sagen: Und gebt den Kaufleuten, was für die Kaufleute ist – aber am richtigen Ort."

Simeon holt tief Luft und sagt: „Jeschua predigt doch immer, man soll seine Feinde lieben. Das hat er doch damals selbst nicht getan, wenn er euch wütend verjagt und eure Waren zerbrochen hat." „Weißt du, Simeon, Feindesliebe bedeutet nicht, dass man alles geschehen lässt, was unrecht und böse ist. Manchmal muss man einschreiten. Ich glaube, Feindesliebe soll frei von Hass, Voreingenommenheit und Boshaftigkeit machen, damit wir Menschen friedlich zusammenleben können."

Simeon schaut noch ein wenig zu, wie Joram auf seiner Drehscheibe aus einem Klumpen Ton einen Topf formt. Dann geht er nachdenklich nach Hause.

Juden und Römer: Freunde oder Feinde?

Wenn die Frauen am Brunnen Wasser holen, dann treffen sie immer auf andere Frauen, die viel zu erzählen wissen, wer geheiratet hat, wer gestorben ist, wo ein Kind geboren wurde und was sonst noch in Kafarnaum passiert ist. Deshalb stellen Mutter Hanna und ihre beiden Töchter ihre mit Wasser gefüllten Krüge auf dem Boden ab und nehmen sich Zeit für ein Schwätzchen. Für Sara wird es diesmal unerwartet besonders interessant; denn sie sieht den jungen Römer von damals schnurgerade auf den Brunnen zukommen. Er erkennt die beiden Mädchen und fragt lachend: „Na, habt ihr immer noch Angst vor mir?" Dann verneigt er sich vor den beiden Mädchen und ganz besonders vor Mutter Hanna zur Begrüßung. Wenn er Zeit habe, sagt er, gehe er gerne zum See, und auf dem Weg dorthin habe er die beiden Mädchen von damals am Brunnen wiederentdeckt.

Er freut sich sichtlich, dass er sie wiedersieht. Sara wird auch diesmal wieder ein bisschen rot. Die anderen Frauen, die am Brunnen herumstehen, sind erschrocken. Sie wissen nicht, ob sie stehen bleiben oder weggehen sollen. Aber dann bleiben sie doch und bereuen es nicht. Mutter Hanna erkundigt sich vorsichtig bei dem jungen Römer, wo er denn wohne.

„Mein Vater ist Stellvertreter des römischen Centurios, und wir wohnen mitten in eurer Stadt."

Sara will wissen, warum sich seine Landsleute eigentlich Römer nennen. „Unsere Stadt heißt Rom, sie ist weit weg von hier in Italien. Dort regiert unser Kaiser Augustus. Den verehren wir fast so wie ihr euren Jahwe. Rund um das Mittelmeer sind unsere Soldaten stationiert. Sie sorgen dort für Ruhe und Ordnung. Damit wir überall hinkommen, haben wir gute Straßen bauen lassen. Die kommen doch auch euch hier zugute. Hier in eurem Land sind wir Römer schon bald 100 Jahre. Und es geht euch doch nicht schlecht, oder? Unser Centurio sorgt schon dafür, dass sich Juden und Römer hier in diesem Landstrich gut vertragen. Übrigens hat euer Jeschua den kranken Knecht des Centurios gesund gemacht. Das weiß er sehr zu schätzen. Dafür ist er sehr dankbar."

Inzwischen ist auch Simeon zu ihnen gestoßen. Er kommt aus der Synagogenschule. Scheu und misstrauisch schaut er den jungen Römer an. Der merkt das bald und versucht, ihn geschickt in das Gespräch einzubeziehen: „Du kommst aus der Synagogenschule, ich weiß, wie es da zugeht. Das habe ich mir schon erzählen lassen, weil es mich interessiert. Ich habe eben den Frauen erzählt, warum wir uns Römer nennen. Und du kannst mir doch sicherlich sagen, warum ihr euch Juden nennt."

Mutter Hanna weiß das natürlich auch: „Mit unserem Namen ist es ähnlich wie mit eurem. Unsere Vorfahren stammen aus dem Land Juda. Das ist benannt nach Juda, einem Sohn Jakobs."

„Interessant – aber Simeon", fragt der junge Römer weiter, „in der Synagogenschule hast du doch sicher noch mehr über dein Volk erfahren, oder?"

„Na klar! Unser Urvater ist Abraham. Unsere Heiligen Schriften erzählen: Jahwe hat ihm ein Land und viele Nachkommen versprochen. Das Versprechen hat sich später auf seinen Enkel Jakob übertragen. Nach einem Ringen mit einem Engel hat Jakob den Namen Israel bekommen, das heißt: ‚der mit Gott kämpft'. Daher trägt auch unser Land diesen Namen. Wegen einer Hungersnot in Israel sind unsere Vorfahren in das fruchtbare Ägypten gezogen. Dort wurden sie als Fremdarbeiter für den Bau der Pyramiden des Pharaos eingesetzt. Endlich, nach vielen Jahren der Knechtschaft hat Mose mit der Hilfe Jahwes sein Volk mühevoll in die Heimat zurückgeführt. Damit sie dort vernünftig leben konnten, hat Gott ihnen ein neues Gesetz, die Zehn Gebote, gegeben. Später haben bedeutende Könige, wie Saul, David und Salomo, das Land regiert. Von alldem erzählen unsere Heiligen Schriften ausführlich, und sie versprechen unserem Volk einen neuen Messias, der unser Land erlösen wird."

„Erlösen? Was heißt das?", fragt der junge Römer erschrocken.

Mutter Hanna schaltet sich ein: „Erlösen meint frei machen von Ichsucht, Lieblosigkeit, von Elend, Not und Armut, aber auch von Unterdrückung und Gewaltherrschaft."

„Meint ihr auch Befreiung von der römischen Besatzung?"

„Ja, auf die Dauer auch!"

Ei, wie kritisch, denkt Sara und versucht zu vermitteln: „Weißt du, ihr Römer hättet doch auch nicht gerne, wenn wir euer Land besetzen und euch vorschreiben würden, was ihr zu tun hättet. Oder?"

„Hm, so gesehen magst du recht haben", bemerkt ihr junger Freund verlegen.

Durch dieses kritische Thema lassen sie ihr Gespräch nicht trüben. Recht fröhlich erzählen sie sich noch dieses und jenes und lachen mitunter herzhaft dabei. Sara bedauert, dass sie sich verabschieden müssen. Mit dem Friedensgruß und Segenswunsch „Schalom!" verabschiedet sie sich und geht nach Hause. – An den Tagen danach muss Sara noch oft an diese schöne Begegnung denken. Im Stillen erhofft sie sich, den netten jungen Römer irgendwann noch einmal wiederzusehen.

Wer pocht so spät noch an der Haustür?

Simeon ist spät zu Bett gegangen. Trotzdem kann er nicht einschlafen. Vieles, was sich am Tage so ereignet hat, geht ihm durch den Kopf. – Nanu, wer klopft denn da so spät noch an die Haustür? Vater Jonatan öffnet vorsichtig. So ganz recht scheint ihm der nächtliche Besuch nicht zu sein. Es ist Efraim, ein jüdischer Freiheitskämpfer. Er gehört einer Männergruppe an, die sich Zeloten nennen. Sie planen einen bewaffneten Aufstand gegen die römische Besatzungsmacht. Efraim will Jonatan überreden mitzumachen. Simeon lauscht ängstlich auf die Gespräche in der Küche. „Du hast doch Kontakte zur Jeschua-Gruppe. Du musst sie für uns gewinnen", beschwört Efraim Jonatan. „Wir kämpfen doch auch für die Sache Gottes. Und die Römer sind doch ungläubig. Was wollen die hier überhaupt, sie besetzen unser Land und befehlen uns, was wir zu tun haben. Du weißt doch, dass ein römischer Soldat einen Juden zwingen kann, kilometerweit dessen Gepäck zu tragen. Deshalb wollen wir dem römischen Staat auch keine Steuern zahlen. Auch wollen wir selbst über den Grundbesitz unseres Landes bestimmen und ihn gerecht unter unseren eigenen Leuten verteilen. Jonatan, das lohnt sich doch, bei uns mitzumachen. Du könntest doch Jeschua und seine Leute für uns gewinnen. Manche von euch glauben doch, Jeschua sei der Messias. Dann muss er auch, wie einst König David, den fremden Herrschern unser Land entreißen. Alle Leute warten doch sehnlichst auf so einen Befreier."

Jonatan holt tief Luft und hält ihm entgegen: „Da bist du an der falschen Adresse. Gewiss, wir würden auch gerne die Besatzungsmacht loswerden und mehr Gerechtigkeit im Lande haben. Das möchte bestimmt auch unser Jeschua. Aber Waffen und Gewalt lehnt er nun einmal strikt ab. Seine Waffen sind Liebe und

Frieden, so wie Gott es will. Und der will bestimmt nicht, dass sich die Leute gegenseitig die Köpfe einschlagen und Blut vergießen. Vielmehr sollen die Menschen füreinander sorgen, anderen zuhören, um sie zu verstehen, und nach einem Streit sich wieder versöhnen. Davon will Jeschua die Menschen überzeugen und sie nicht einfach mit Gewalt dazu zwingen. Das ist doch viel, viel besser als das, was ihr Zeloten wollt." So geht es noch eine Weile hin und her, bis Efraim schließlich enttäuscht das Haus verlässt.

Simeon ist gerade beruhigt eingeschlafen, da schreckt er wieder auf, schon wieder pocht jemand an der Haustür, noch viel, viel lauter als zuvor. Das klingt nicht gut.

„Aufmachen!", schreit eine raue Männerstimme. „Sofort aufmachen!"

Vater Jonatan, der sich gerade hingelegt hat, springt erschrocken auf und öffnet die Tür, zunächst nur einen Spalt breit. Da leuchtet ihm flackerndes Fackellicht entgegen, und er erkennt einige römische Soldaten. Sie schreien Jonatan an, ob sich bei ihm ein Zelot versteckt halte, ein Aufrührer. Sie stoßen Jonatan beiseite und durchsuchen das ganze Haus, jede Ecke, jeden Winkel und reißen jeden Vorhang beiseite. Sogar auf dem Dach schauen sie nach. Die ganze Familie ist durch diesen Tumult aufgewacht und zittert vor Angst. Der kleine Jakob weint laut und klammert sich an seine Mutter Hanna. Die Römer aber finden nicht, den sie suchen. Einer der Soldaten ist sogar so höflich und entschuldigt sich für diese vergebliche Aktion, bevor er mit seinen Kameraden mit Waffen und Fackeln wieder in der dunklen Nacht verschwindet. War das eine Aufregung!

Jeschuas Bergpredigt – ein großes Erlebnis

Simeon kommt eilig aus der Stadt nach Hause und sagt aufgeregt zu Debora: „Die Leute in der Stadt behaupten, Jeschua komme morgen Nachmittag und predige auf dem Berg vor der Stadt. Sollen wir da nicht Vater fragen, ob er mit uns dorthin geht?“ „Au ja, das tut er bestimmt. Wenn wir ihn nachher am See abholen, dann fragen wir ihn.“ Also können sie es kaum abwarten, bis sie bei Vater Jonatan sind und ihn bitten, sie auf den Berg zu begleiten. Wie sie schon vermutet haben, ist der Vater nicht abgeneigt, weil er selbst auch gerne Jeschua hören möchte.

„Seht mal da, wer da kommt!“, ruft Simeon plötzlich auf dem Heimweg und zeigt in die Richtung, aus der ihr junger Römerfreund auf sie zukommt. Der winkt schon von Weitem. Und nach der herzlichen Begrüßung überfallen ihn die Kinder schon mit ihrer Neuigkeit:

„Morgen Nachmittag gehen wir mit unserem Vater auf den Berg vor der Stadt, dort soll Jeschua eine große Predigt halten.“ „Jeschua predigt zwar auch in Synagogen und auf Marktplätzen“, wendet der Vater ein, „aber Bergpredigten sind immer etwas ganz Besonderes, wohl in Erinnerung an den Berg Sinai, auf dem Jahwe dem Mose unsere Gesetze gab, so erzählen es unsere alten Schriften.“

„Ob ich da auch hinkann?“, fragt der römische Junge. „Ich habe euren Jeschua noch nie persönlich gesehen und gehört. Nehmt ihr mich mit?“

Vater Jonatan zieht die Stirn kraus und meint, dann müsse er sich aber anders kleiden, damit er nicht als Römer auffalle. Das sei da bestimmt nicht gerne gesehen. So vereinbaren sie Zeit und Treffpunkt für den kommenden Tag.

Am nächsten Morgen packen sich etwas zu essen und zu trinken in ein Bündel ein, das Vater Jonatan an einem Stock über der Schulter trägt. Und sie machen sich frühzeitig auf den Weg. Mehr als eine Stunde brauchen sie bestimmt bis auf den Berg. An der vereinbarten Stelle treffen sie den jungen Römer. Als sie ihn sehen, müssen sie grinsen. Wie sieht der denn aus? Sie erkennen ihn fast nicht wieder. In diesen Kleidern könnte er ein älterer Bruder Simeons sein. Endlich stellt er sich einmal vor. „Wir kennen immer noch nicht unsere Namen. Ich heiße Mauritius." Sara wird etwas rot, als sie ihren Namen nennt, Simeon, Debora und Vater Jonatan aber nicht. Sie sind nicht die Einzigen, die zum Berg pilgern, von allen Seiten kommen immer mehr Leute. Als sie endlich an ihrem Ziel sind, werden sie nicht sehr freundlich empfangen. Ein paar ältere Männer meinen: „Das hier ist doch nichts für Kinder. Die nehmen doch nur den Erwachsenen gute Plätze weg!" Das ärgert Vater Jonatan, der ihnen entgegenhält: „Jeschua hat oft genug gesagt: Lasset die Kinder zu mir kommen und schickt sie nicht fort!"

Die vielen Leute dort reden alle durcheinander. Es ist ganz schön laut, bis auf einmal Jeschua mit seiner Freundesschar den Weg heraufkommt. Je näher er kommt, desto stiller wird es. Jeschua lacht freundlich und gibt einigen Leuten, die ganz vorne stehen, die Hand oder klopft ihnen auf die Schulter. Was er ihnen zuflüstert, das kann man hier hinten nicht verstehen. Dann kommen Kranke zu ihm, mit denen er spricht und die er vielleicht auch heilt. Nach einer Weile stellt er sich auf eine kleine Anhöhe und hebt die rechte Hand, bis es mucksmäuschenstill ist. Dann fängt er an zu predigen. Nach einer Stunde fasst er all das, was er hier lehrte, mit ernsten Worten, fast wie ein Gebet, zusammen:

Glücklich sind die Menschen, die arm sind vor Gott;
denn ihnen gehört das Himmelreich.
Glücklich sind die Menschen, die traurig sind;
denn sie werden getröstet werden.
Glücklich sind die Menschen, die keine Gewalt anwenden;
denn ihnen gehört eine friedliche Zukunft.
Glücklich sind die Menschen, die nach Gerechtigkeit hungern;
denn sie werden von Gottes Liebe satt werden.
Glücklich sind die Menschen, die barmherzig sind;
denn sie werden selbst Erbarmen finden.
Glücklich sind die Menschen, die ein reines Herz haben;
denn sie werden Gott schauen.
Glücklich sind die Menschen, die unschuldig verfolgt werden;
denn Gott schenkt ihnen das Himmelreich.
Und das noch rate ich euch: Seid euch dessen bewusst,
ihr seid das Salz der Erde und das Licht der Welt!

Jeschua macht eine kleine Pause, dann predigt er weiter. Aber Vater Jonatan drängt zum Aufbruch. Schließlich hat er Mutter Hanna versprochen, vor Anbruch der Dunkelheit zurück zu sein. Sie brauchen ja auch noch mehr als eine Wegstunde. Mauritius ist genauso begeistert wie Vater Jonatan und seine Kinder, wie auch die meisten Menschen hier, wenn auch längst nicht alle Zuhörer an diesem Nachmittag.

Mauritius erkundigt sich über das mit dem Salz der Erde, das hat er nicht richtig verstanden. Jonatan erklärt: „Ohne Salz ist ein Essen geschmacklos, genauso ist das Leben geschmacklos, wenn es nicht Menschen gibt, die Gottes Liebe verbreiten.“ „Und das mit dem Licht der Welt, ich glaube, das kann ich gut erklären“, mischt sich Sara ein. „Wenn es spätabends in unserem Hause dunkel ist und es knistert irgendwo und man hört noch Schritte vorm Haus, dann bekomme ich Angst, stehe auf und gehe zum Herdfeuer, das noch glimmt. Es genügen nur ein paar Funken, wenn ich die anblase, entsteht ein kleines Flämmchen. Das ist noch nicht ganz hell, aber doch so hell, dass ich rundum alles erkennen kann. So stelle ich mir vor, wenn viele Menschen so eine kleine Flamme im Herzen haben, wenn sie also freundlich, hilfsbereit, gerecht und friedliebend sind, dann wird es hell um sie herum in der dunklen Welt.“

Das kann Mauritius nachempfinden. So ganz und gar zufrieden sagt er: „Wenn ich über alles das nachdenke, dann werde ich vielleicht auch noch ein Freund von Jeschua.“

Sara lächelt und meint: „Warum nicht? Selbst Römer können Jeschuas Freunde werden.“

Vater Jonatan merkt noch an: „Was für mich besonders tröstlich ist, dass Jeschua in seiner Bergpredigt nicht nur Forderungen stellt, sondern Glück und Frieden verspricht, wenn man danach lebt.“ So sprechen sie noch über dieses und jenes, bis sie in der Stadt angekommen sind und sich verabschieden.

„Schalom, Mauri!“, sagt Sara zärtlich. „Schalom! Schalom!“, rufen auch die anderen und gehen eilig nach Hause. Sie freuen sich schon auf das leckere Fladenbrot von Mutter Hanna.

Die Geschichte vom guten Hirten

Wenn Debora Mutter Hanna in der Küche hilft, dann ist das die Gelegenheit für gute Gespräche zwischen Tochter und Mutter. Heute hat Debora der alten Nachbarin wieder einmal einen Krug Wasser vom Brunnen geholt, denn die alte Frau hat einen kranken Rücken. Sie hatte von Jeschua die Geschichte vom verlorenen Schaf gehört. Die hat sie Debora weitererzählt. Sie war aber der Meinung, das wäre doch dumm, wenn der Hirte seine 99 Schafe im Stich lässt und den wilden Tieren aussetzt, um nur ein einziges verirrtes Schaf zu suchen. Er solle doch lieber dableiben und aufpassen, dass ihm die Wölfe nicht drei oder gar vier Tiere aus seiner Herde wegreißen. Das alles erzählt Debora ihrer Mutter und meint, eigentlich finde sie Jeschuas Geschichte ja auch sehr schön, aber vielleicht habe die alte Nachbarin gar nicht so unrecht. „Weißt du, Debora", sagt die Mutter, „sich in einer solchen Situation richtig zu entscheiden, ist bestimmt für einen Hirten nicht so ganz einfach. Ehrlich gesagt, ich glaube, die meisten bleiben in einer solchen Situation doch lieber bei ihrer Herde. Aber Jeschua will uns mit seiner Geschichte bildhaft erzählen: Gott lässt keinen Menschen im Stich, er geht uns nach und ist bei uns in unserer seelischen Not."

„Ja, dann verstehe ich aber nicht, warum Gott vor acht Tagen nicht den beiden Fischern bei dem schrecklichen Sturm in ihrer Seenot geholfen hat. Die da ertrunken sind, das waren doch noch ganz junge Männer! Bestimmt haben sie auch in ihrer Todesnot zu Gott um Hilfe geschrien“, entgegnet Debora. Mutter Hanna macht ein nachdenkliches und ernstes Gesicht, als sie antwortet: „Ich bin aber sicher, dass Gott in ihrer Todesnot bei ihnen war. – Weißt du, ich denke, er hat die Welt erschaffen, so wie sie nun einmal ist. Da gibt es Licht und Schatten, Glück und Unglück. Und wenn Gott die Welt so gewollt hat, dann muss er auch das alles so zulassen. Würde er immer eingreifen, wenn etwas schiefgeht, dann hätte doch die Welt, so wie er sie geschaffen hat, keinen Sinn, und wir Menschen wären nur Gottes Spielfiguren. Andererseits greift er vielleicht dann doch einmal ein, glauben viele, wenn es ganz besonders nötig ist. Als er zum Beispiel unser Volk aus der ägyptischen Gefangenschaft befreit hat. – Aber keiner weiß das alles ganz genau. Wir können vieles nicht verstehen; schließlich sind unsere menschlichen Gedanken viel, viel enger und kleiner als die von unserem Schöpfer.“ „Mag ja sein, alles verstehen wir wirklich nicht. Doch hoffe ich, dass Gott uns letztlich nicht alleinlässt.“

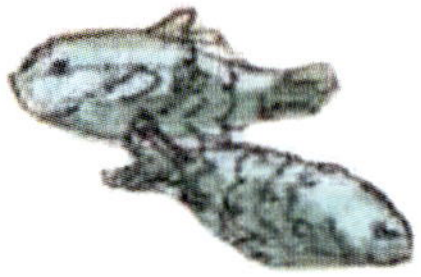

Fünf Brote nur und zwei Fische

Die Kinder kommen gerade mit ihrem römischen Freund Mauritius vom Brunnen und haben frisches Wasser geholt. Aufgeregt erzählen sie ihrer Mutter, was sie dort gehört haben: „Die Frauen am Brunnen sagen, Jeschua sei wieder in Kafarnaum. Und morgen komme er an den See, um mit den Menschen zu sprechen. Wir sind schon ganz aufgeregt. Was wird er wohl diesmal erzählen?“ In dem Moment kommt auch Vater Jonatan nach Hause. Sie rufen ihm schon von Weitem

entgegen: „Morgen kommt Jeschua an den See. Bitte geh mit uns dorthin. Wir möchten dabei sein, wenn Jeschua erzählt, und er mag uns Kinder doch gerne." „Na, ja", meint der Vater. „Nur Jakob ist noch zu klein. Wenn Mama mit ihm zu Hause bleibt?" Mutter Hanna ist einverstanden. Und Mauritius, der römische Freund, darf auch mitgehen. Nur wundert sich der Vater, dass sich ein römischer Junge auch so sehr für Jeschua interessiert.
Am nächsten Morgen legen alle ihre Schlafmatten sorgfältig zusammen und laden Mauritius, der gerade dazukommt, zum Frühstück ein. Der Tag kann lang werden, deshalb packt Mutter Hanna ihnen Fladenbrot, etwas Käse und zwei mit Zitronenwasser gefüllte Schläuche ein. Dann umarmt Mutter Hanna ihre Kinder zum Abschied und winkt ihnen noch mit Jakob auf dem Arm. Froh gestimmt laufen die Kinder zum See, dorthin, wo die Fischerboote immer anlegen. Hier warten sie, bis Vater Jonatan sie eingeholt hat. Da sind zwar viel mehr Menschen als sonst, aber wo ist Jeschua? Sie können ihn nirgendwo entdecken. Selbst Vater Jonatan ist erstaunt und fragt einige Fischer. Die sagen: „Jeschua war zwar hier, ist aber vor einer knappen Stunde mit einem Boot und seinen Freunden ans andere Ufer gefahren, nach Betsaida, da drüben. Dort will er etwas ausruhen und dann zu den Menschen sprechen. Wahrscheinlich ist es ihm auch in Kafarnaum zu gefährlich geworden; schließlich hat ja Herodes Antipas hier Johannes den Täufer gefangen genommen und als Aufrührer hinrichten lassen. Und Jeschua könnte der Nächste sein! Das andere Ufer drüben liegt ja nicht mehr im Hoheitsgebiet des Antipas." – „Eine komplizierte Sache", meint der Vater. „O je", seufzen die Kinder enttäuscht, „was machen wir jetzt?" „Da bleibt uns nichts anderes übrig als am Ufer entlang dorthin zu wandern. In gut einer Stunde sind wir dann bei Jeschua", sagt der Vater. So wandern sie weiter. Die Sonne ist schon ganz schön heiß, deshalb machen sie immer wieder eine kleine Pause und trinken einen Schluck aus dem Wasserschlauch. Wie gut, dass Mutter Hanna sie damit versorgt hat. Simeon und

Mauritius sammeln hin und wieder flache Kieselsteine und werfen sie flach übers Wasser. Hei, wie die über den See hüpfen! Und die Mädchen passen auf, wer am weitesten kommt. So vergeht die Zeit relativ schnell, bis sie endlich in Betsaida ankommen. Aber da sind sie nicht alleine. Von überall her strömen Menschen dorthin, so viele, dass Jeschua und seine Freunde aus der Stadt hinausgehen, bis sie zu einer grünen Wiese kommen. Und die vielen Leute laufen wie eine Prozession hinter ihnen her.

„Da hinten ist Jeschua, seht ihr ihn da hinten, wie er langsam einen kleinen Hügel hinaufgeht?“ Kranke kommen zu ihm und möchten geheilt werden, dann spricht er mal mit dem einen oder der anderen. Und wenn er die Hand hebt, dann wartet er, bis alle still sind. Dann erzählt er von Gott und seinem Reich, meistens in schönen Geschichten.

So wird der Tag länger und länger, und die Menschen bekommen langsam Hunger. Kein Gasthaus und kein Bauernhof sind in dieser Gegend. Da sagt Jeschua: „Die Leute haben Hunger, sie sollen sich alle ins Gras setzen, am besten in kleinen Gruppen.“ Jeschuas Begleiter erschrecken, sie haben doch nur fünf Brote und zwei Fische. Wie sollen davon alle satt werden? Sie legen das Wenige Jeschua vor die Füße.

Der schaut zum Himmel und spricht ganz laut ein Dankgebet und sagt: „Teilen wir miteinander. Dann wird es für alle reichen.“ Dann verteilt er das Wenige, das er hat, an die Menschen, die in seiner Nähe sind, sodass es alle sehen können. Und da geschieht etwas Wunder-

bares. Viele Menschen haben, wie auch die Familie von Jonatan, etwas Proviant bei sich im Beutel, den sie eigentlich für sich behalten wollen. Aber sie haben Jeschua verstanden, und alle teilen ihr Mitgebrachtes miteinander. Und siehe da: Alle werden satt. Die Kinder und Vater Jonatan sind tief ergriffen. Da sagt Sara: „Ist das nicht ein Wunder? Die Menschen haben angefangen, miteinander zu teilen, und keiner hat nur an sich gedacht. Ist das nicht toll? Das werde ich so schnell nicht vergessen." Und ihre Geschwister, ihr Vater und Mauritius sind der gleichen Meinung.

Wie geht es nun weiter? Die Leute sind nun alle satt und wollen noch nicht nach Hause gehen. Auch die Kinder würden gerne noch bleiben. Aber Vater Jonatan mahnt zum Aufbruch. „Es wird bald dunkel, wir müssen heim. Mutter Hanna und der kleine Jakob warten auf uns. Schließlich haben wir noch einen strammen Heimmarsch vor uns", sagt er. Dann brechen sie auf. Der Mond scheint hell auf den Weg, und die ersten Sterne blinzeln am frühen Nachthimmel. Und jetzt noch eine spannende Nachtwanderung mit Papa, das ist der krönende Abschluss eines unvergesslichen schönen Tages mit Jeschua.

Wenn Synagogenschüler streiten

Auf dem Heimweg fragt Mauritius den Simeon, wie er mit seinen Mitschülern in der Synagogenschule auskomme. Er fragt, ob es auch dort Freunde Jeschuas gebe. Simeon antwortet: „Dort sind ja nicht sehr viele Schüler, vielleicht sieben oder acht. Und ich denke, die Hälfte von ihnen hat Jeschua schon erlebt, und die mögen ihn auch. Das hängt sicherlich auch vom Elternhaus ab. Meine Eltern zum Beispiel sind Jeschua-Anhänger, und das hat sich auf uns Kinder übertragen. So ist es wohl auch bei den anderen Jungen in der Synagogenschule. Manche Eltern sind Pharisäer oder stehen ihnen wenigstens nahe, deshalb können sie Jeschua nicht direkt aus der Nähe kennenlernen und halten deshalb auch nichts von ihm, sie halten ihn sogar für gefährlich." „Streitet ihr euch dann ernsthaft um euren Glauben?", fragt Mauritius besorgt. „Ja, das kommt öfter vor. Wir streiten oft mit heftigen Worten, aber nicht mit den Fäusten", erwidert Simeon. „Habt ihr denn auch niemals Streit um andere Sachen, dass ihr euch mal richtig verhaut, so eine echte Jungenkeilerei?", will Mauritius wissen. „Doch, einmal hat ein Junge dort, der ein Jahr älter ist als ich, meinem besten Freund ein Bein gestellt. Er ist hingefallen, ist dann aber wieder aufgestanden und hat dem Übeltäter kräftig ein paar runtergehauen. Da gab es dann eine wilde Keilerei auf der Straße. Als mein Freund dann von mehreren Jungen angegriffen wurde, da habe ich mich auch eingemischt und ihm geholfen. Ehrlich gesagt, da habe ich richtig zugeschlagen und selbst ein paar blaue Flecken abbekommen. Bis dann der Rabbiner unserer Synagogenschule nach Hause ging. Er hat uns gesehen, ist dazwischengegangen und hat uns auseinandergebracht. Das alles hatte aber mit unserem Glauben überhaupt nichts zu tun." „Na ja, Jeschua will ja, dass man möglichst alles friedlich regelt. Dennoch denke ich, dass man sich auch wehren muss, wenn man selbst oder ein Freund bösartig angegriffen wird", findet Mauritius.

Jeschua hat Männer und Frauen gleich lieb

Die Tischgespräche beim Abendessen sind immer sehr interessant. Diesmal gibt es ein heißes Thema. Denn Sara fragt: „Wie kommt es eigentlich, dass bei Jeschuas Predigten immer viele Männer und sehr wenige Frauen sind?“

„Ja, das hat wohl seine Wurzeln in unserer Geschichte“, erklärt Opa Matthäus, der gerade zu Besuch ist. „Als unsere Vorfahren noch Halbnomaden waren, spielten die Großfamilien eine große Rolle. Um zu überleben, mussten sie zusammenhalten. Die Männer waren Hirten und Jäger, die Frauen hüteten das Zelt und die Kinder. Die Väter waren das Familienoberhaupt, sie bestimmten das Leben nach außen und sorgten dafür, dass alles so weiterging, wie sie es gewohnt waren. Dann gab es früher viele kleine und große Auseinandersetzungen zwischen Familien und Stämmen, später sogar Angriffe anderer Völker, die damals nur kriegerisch geregelt werden konnten. Auch das machten eben die Männer, weil sie stärker sind als Frauen. So wurden die Männer ja häufig als Retter und Sieger verehrt, und die Angesehensten von ihnen wurden im Laufe der Zeit Richter, Stammesfürsten und Könige. So sind uns vor allem die Geschichten der Männer überliefert, von Abraham, Mose und von vielen Propheten. Das spiegelt sich ja deutlich in unseren Heiligen Schriften wider.“

Debora weiß es besser und wendet ein: „Aber es gab doch auch die Prophetin Debora, die eine große Richterin in Israel war. Ihr habt mir doch ihren Namen gegeben!“

Vater Jonatan stimmt ihr zu und gibt zu bedenken: „Wenn einer etwas Neues predigt, wie jetzt Jeschua, dann fühlen sich zunächst die Männer angesprochen. Sie wollen, dass die Ordnungen und Lebensgewohnheiten ihrer Familien und des ganzen Volkes nicht gestört werden. – Ehrlich gesagt, ich habe mich auch erst an Jeschuas neue Vorstellungen gewöhnen müssen."

„Ich finde Jeschua ja prima, aber könnte Gott nicht mal eine Frau schicken?", fragt Sara ungeduldig weiter. „In unsere Männerwelt konnte Jahwe doch nur einen Mann als Propheten schicken. Eine Frau würde doch beim Volk überhaupt kein Gehör finden!", meint Opa Matthäus. Und Vater Jonatan setzt hinzu: „Aber Jeschua ist ja nun auch kein typisch harter und strenger Mann, er ist sanft und fürsorglich. Onkel Andreas erzählt zum Beispiel: Wenn Jeschua einen Kranken nicht heilen konnte, dann hat er ihn wenigstens getröstet und aufgerichtet. Andererseits widerspricht er oft genug den gesetzesstrengen Männern, zum Beispiel den Pharisäern, die sich in ihren Lebensvorstellungen gestört fühlen. Stattdessen fordert Jeschua in seinen Predigten Gerechtigkeit, Frieden und ein liebevolles Miteinander-Umgehen. Ich finde, er ist in allem sehr einfühlsam, er kann sich gut in Menschen hineindenken."

Nun mischt sich auch Debora ein: „Aber seine Freunde, die immer mit ihm ziehen, sind doch auch überwiegend Männer." „Ja", antwortet der Vater, „ich stelle mir vor, das ist ja anstrengend, Jeschua zu begleiten: weite Fußmärsche durch Hitze und Wüstensand, kein Dach überm Kopf und kein Bett, und selbst in kalten Nächten unter freiem Himmel schlafen, oft hungrig und durstig." Mutter Hanna fügt hinzu: „Und viele Frauen können doch auch nicht tagelang von ihren Kindern wegbleiben. Das sehe ich doch bei mir selbst. Dennoch soll es einige Frauen geben, die Jeschua hin und wieder begleiten. Und von Onkel Andreas und Onkel Simon weiß ich, dass es darüber hinaus viele Frauen gibt, die die Jeschua-Leute beherbergen und ihnen zu essen und trinken und auch noch Geld geben. Ich glaube, letztlich macht Jeschua keinen Unterschied zwischen Männern und Frauen. Doch leider finden das hier bei uns längst nicht alle gut."

Gott ist wie ein barmherziger Vater

Sara quält seit einigen Tagen ein ähnlicher Gedanke. Deshalb fragt sie nach: „Wie ist das eigentlich, wenn Jeschua von Jahwe spricht, dann spricht er immer vom Vater. Ist Gott denn ein Mann?“ Vater Jonatan holt tief Luft: „Nun ja, du musst bedenken, Jeschua ist ja auch hier in unserer Gesellschaft aufgewachsen, wo die Männer das Sagen haben. Das kann ich gut verstehen. Denn ich selbst bin ja nur ein paar Jahre älter als Jeschua. Und ich weiß, wie Jahwe uns Kindern immer als strenger Vater vorgestellt wurde, der peinlich darauf achtet, dass wir nur ja alles richtig machen. So erklärte man uns damals, Krankheit zum Beispiel sei eine Strafe Gottes genauso wie Unwetter und Missernte oder sogar die Gefangenschaft unseres Volkes in Ägypten. Das machte uns Kinder oft etwas ängstlich. Wir sprachen nicht umsonst von Gottesfurcht.

Jeschua stellt uns nun sein Bild von Gott viel freundlicher dar: Gott ist für ihn wie ein treu sorgender Vater, der seine Kinder liebt. Und, glaube mir, Jeschua weiß ganz sicher, dass Jahwe letztlich weder Mann noch Frau sein kann, sondern ganz, ganz anders ist, als wir Menschen sind. Sonst wäre er ja auch nicht Gott.“ – Sara ist immer noch nicht zufrieden. Sie möchte gerne noch wissen, ob er seine bösen und guten Kinder gleich gern hat. Vater Jonatan denkt einen Augenblick nach, dann fällt ihm eine Geschichte ein, die Jeschua vor einiger Zeit erzählt hat:

„Ein Vater hat seinen beiden Söhnen ihr Erbteil ausgezahlt. Einer von den beiden ging von zu Hause weg und verschleuderte sein ganzes Geld in der Fremde. So geriet er bald in Not und musste Schweine hüten, damit er wenigstens etwas zu essen bekam. Er wurde unglücklich und immer trauriger und sehnte sich nach seinem Vater zurück. Als er es schließlich gar nicht mehr aushalten konnte, machte er sich auf den Weg nach Hause. Der Vater sah ihn schon von Weitem kommen. Da packte ihn

das Mitleid, und er lief ihm freudig entgegen, umarmte und küsste ihn herzlich. Der heimgekehrte Sohn aber schämte sich so sehr, dass er fürchterlich weinte: *Ach, Vater, ich bin nicht mehr wert, dein Sohn zu sein!* – Der Vater aber war barmherzig. Er machte ihm keinerlei Vorwürfe, sondern tröstete ihn und ließ ihm schöne Kleider holen und feierte mit ihm ein großes Wiedersehensfest. – In dieser Geschichte hat Jeschua Gott wie einen barmherzigen Vater dargestellt. Meinst du nicht auch, Sara, er hätte ihn in gleicher Weise wie eine fürsorgliche Mutter darstellen können?" „Und warum hat er das nicht getan?", hakt Sara nach. „Wahrscheinlich, weil das die Menschen hier so viel besser verstehen können", meint Vater Jonatan, „aber ich weiß auch nicht alles."

Unterwegs durch das Jordantal nach Jericho

Simeon jubelt vor lauter Freude. Er darf Vater Jonatan nach Jericho begleiten! Noch nie war er in einer fremden Stadt. Schon früh am Morgen geht es mit dem Eselskarren los. Vater will eine neue Handmühle fürs Getreide kaufen; denn die alte ist verschlissen. Und die besten Handmühlen werden in Jericho hergestellt. Doch man braucht mit einem Eselskarren drei bis vier Tage durch das Jordantal bis nach Jericho. Deshalb packt der Vater auch einen großen Korb voll Proviant ein, zu essen und zu trinken für die lange Reise. Dann brauchen sie noch einen Sack Futter für den Esel und zwei warme Schaffelle für die kalten Nächte. Denn schlafen müssen sie im Freien, höchstens eine Nacht können sie in einer kleinen Herberge in Jericho übernachten, für mehr Übernachtungen reicht das Geld nicht.

Ganz früh, noch bevor die Sonne aufgeht, brechen sie auf, weil es jetzt noch nicht so heiß ist. Die Jordanstrecke ist zwar sehr interessant, aber auch ganz schön anstrengend. Das sollte man gar nicht meinen, aber der Fluss ist dreimal so lang wie ihre eigentliche Strecke, weil er sich vom See Gennesaret bis zum Toten Meer hin in vielen, vielen Windungen durch das Jordantal schlängelt. Anfangs durchqueren die beiden mehrere kleine Ortschaften im nördlichen Jordantal. Im späteren Flussverlauf kommen sie schon mal durch kleine Wälder, an Baumgruppen und Sträuchern vorbei, in deren Schatten sie sich hin und wieder etwas erholen können. Denn die Mittagssonne ist unbarmherzig heiß. Ihr Weg führt sie in besonders fruchtbaren Landstrichen sogar durch Weizenfelder und Olivenhaine. Und manchmal begegnen ihnen Schafherden, die in der kargen Gegend nach Weideland suchen. Man sagt, es soll hier wilde Tiere geben, Wölfe und Schakale. Sogar Löwen will man schon am Rande der Berge gesehen haben, vor denen die beiden nachts besonders Angst haben. Das Jordantal ist nicht sehr breit. Am Westufer kommen die Berge etwas näher ans Tal heran als am Ostufer. Bis mittags leuchten sie in der Sonne, nachmittags spenden sie dagegen Schatten. Durch das Flusswasser ist das Jordantal größtenteils grün, aber hinter den Bergen dehnt sich die Wüste aus, die im Süden bis an den Jordan heranreicht.

In die Einsamkeit der Wüste zieht sich nicht nur Jeschua hin und wieder tage- oder sogar wochenlang zurück, sondern auch andere fromme Juden machen sich vom Alltagsbetrieb frei und besinnen sich dort auf sich selbst und auf Gott. Davon erzählte der Vater. Simeon fragt daraufhin nachdenklich: „Soviel ich weiß, gibt's in der Wüste nur heißen Sand, da wachsen keine Bäume und keine Sträucher, weil es kein Wasser gibt. In der Synagoge predigt unser Rabbi hin und wieder, der Prophet Jesaja habe versprochen, eines Tages würde Jahwe in der Wüste Quellen sprudeln und Bäche fließen lassen. Das kann ich mir nicht vorstellen. Glaubst du denn daran?“ Der Vater lächelt: „Ja und nein! Weißt du, Gott wird nicht seine eigenen Schöpfungsgesetze durchbrechen. Aber in manchen Menschenherzen ist es aus lauter Lieblosigkeit wie in einer Wüste. Wenn diese Menschen auf Gottes Botschaft hören und sie in ihr Herz aufnehmen, dann wird ihre innere Wüste wieder fruchtbar wie nach einem erfrischenden Regen. Ist das nicht ein schönes Bild des Propheten Jesaja in unseren alten Schriften?“

Wurde nicht Jeschua im Jordan getauft?

Es gibt also viel Interessantes zu sehen, sodass Vater und Sohn oft stundenlang schweigend die Landschaft genießen. Dennoch bleibt auch genügend Zeit zum Erzählen. Wann hat Simeon schon mal seinen Vater so lange Zeit für sich ganz alleine? So fragt er bald: „Jeschua ist doch im Jordan getauft worden, kommen wir da vorbei?“ Und der Vater antwortet: „Ehrlich gesagt, wo, das weiß ich auch nicht so genau. Es muss wohl in der Nähe gewesen sein, wo der Jordan ins Tote Meer mündet, vielleicht gegenüber, auf der anderen Seite, wo die Ausläufer der Wüste bis an den Fluss heranreichen. Denn da hat Johannes seine Bußpredigten gehalten und getauft.“

„Der Johannes, was war das eigentlich für einer?“, fragt Simeon. „Johannes lebte am liebsten in der Wüste, da konnte er in Ruhe über alles nachdenken und beten. Er ernährte sich vom Honig wilder Bienen, von gebratenen Heuschrecken und vom Tau in der Nacht. Er war ein Eiferer und wollte, dass die Leute Buße tun und umkehren zu einem gottgefälligen Leben. In der Taufe sollten sie sich dazu reinwaschen lassen. Denn er befürchtete, dass die Welt bald untergeht, und nur wer sich taufen lässt, würde gerettet. Jeschua gefiel das auch eine Zeit lang, deshalb blieb er ein paar Wochen bei Johannes dort in der Wüste, bis er schließlich weiterzog und nun selbst predigt." „Glaubst du denn auch, dass die Welt bald untergeht?", fragt Simeon ängstlich den Vater. „Nein, ich kann es mir eigentlich nicht vorstellen, deshalb glaube ich auch nicht daran", beruhigt ihn Vater Jonatan.

Simeon denkt eine Weile nach, dann will er wissen: „Warum wollte Jeschua sich überhaupt taufen lassen? Warum war ihm das so wichtig?" Da braucht der Vater nicht lange nachzudenken: „Wir wohnen ja in einem Wüstenland und sind oft mit Sandstaub bedeckt. So müssen wir uns gründlich waschen, wenn wir ein Haus betreten. Das ist natürlich nur äußerlich. Da haben sich unsere Väter vor langer Zeit gedacht, wir brauchen auch ein Zeichen der inneren Reinigung von Seele, Herz und Verstand. Dazu ist fließendes Wasser am besten geeignet, das Unreines an Leib und Seele wegspült. Wir nennen das Taufe, weil die Menschen dabei ins Wasser steigen und für einen Augenblick lang untertauchen, um als neue Menschen, gereinigt an Leib und Seele, aufzutauchen. Und sie fühlen sich dann als neugeborene Kinder Gottes, und das verpflichtet sie, ihr Leben immer wieder zum Guten zu verändern. Onkel Andreas sagt immer: Für Jeschua war seine Taufe im Jordan durch Johannes von ganz, ganz großer Bedeutung; denn hier begann mit ihm schon das Gottesreich unter uns. Jeschua habe hier tief in seinem Herzen die Stimme Gottes vernommen, die ihm sagte: *Du bist mein geliebter Sohn. An dir habe ich Gefallen!*"

„Das war ja fast wie eine Predigt", staunt Simeon über seinen Vater. „Ja, das ist ja auch nicht so ganz einfach zu erklären", meint Vater Jonatan.

Bis nach Jericho sind es Gott sei Dank nur noch wenige Stunden. Nach einer Weile erkundigt sich Simeon: „Wie weit ist es denn eigentlich von Jericho nach Jerusalem? Warst du schon mal dort?"

„Es ist schon ein paar Jahre her, da war ich einmal in der Hauptstadt Jerusalem“, wirft der Vater ein. „Es ist eine prächtige Stadt! Dort hat König David schon vor tausend Jahren regiert. Die Stadt ist viel umkämpft und oft zerstört worden. Aber sie wurde immer wieder aufgebaut. Das Heiligste und Schönste ist der große Tempel auf einer Anhöhe, hoch über der Stadt. Herodes der Große hat ihn damals bauen lassen, als er noch König war.“

„Wer war eigentlich dieser Herodes?“, unterbricht Simeon den Vater. „Herodes war ein Jude aus Idumäa, dieser Landstrich liegt unten am Toten Meer. Er hatte aber römische Bürgerrechte. Deshalb haben ihn die Römer ja auch zum jüdischen König von ganz Palästina gemacht. Nach seinem Tod wurde Palästina auf seine drei Söhne aufgeteilt. Deshalb herrscht heute in Galiläa am See Gennesaret einer seiner Söhne, Herodes Antipas. Der andere, Archelaos, der über Judäa mit der Hauptstadt Jerusalem herrschte, war völlig unfähig und wurde von den Römern abgesetzt. Du weißt ja, dass sie den Verwalter Pontius Pilatus eingesetzt haben. Deshalb wird Jerusalem heute von den Römern beherrscht. – Ja, mein lieber Simeon, ich würde dir gerne unsere heilige Stadt zeigen, zumal sie nur knapp zwei Tagesreisen von hier entfernt ist, doch fehlt uns jetzt leider die Zeit dazu.“ „Schade, aber vielleicht ein andermal“, hofft Simeon.

Jeschua zu Gast beim Oberzöllner Zachäus

Kurz vor dem Abend des vierten Tages erreichen die beiden Jericho. Sie sind froh, dass sie endlich angekommen sind, und suchen eine kleine Herberge. Dort binden sie den Esel an und gehen in die Stadt.

Jericho ist eine schöne alte Festungsstadt; Simeon sieht viele Palmen, weil sie in einer großen Oase erbaut worden ist. Simeon entdeckt auf dem Straßenpflaster auch eingeritzte Striche und Felder. „Was soll denn das?“, fragt er den Vater. „Ja, das sind Spielbretter. Die meisten sind aus Holz, aber hin und wieder findest du sie auch auf Pflastersteinen an der Seite einer Straße oder eines Platzes eingemeißelt. Du wirst sehen: Darauf spielen abends die Erwachsenen Würfelspiele.“ „Ach ja, das Spiel mit dem Brett, das kenne ich schon, obwohl ich lieber mit Wurfringen oder dem Ball spiele“, entgegnet Simeon.

„Aber warum sind so viele Leute hier in der Stadt?“, will Simeon nun wissen. „Das wüsste ich auch gerne“, antwortet der Vater und schiebt sich mit Simeon durch die Menschenmenge. Von den Leuten erfahren sie, dass Jeschua in der Stadt ist und dass dort drüben in dem schönen Haus ihr Oberzöllner Zachäus wohnt. Den mag aber hier keiner, weil er von den Bewohnern Steuern für die Römer eintreiben muss. Das ist schon schlimm genug, aber darüber hinaus betrügt er die Menschen und nimmt ihnen viel mehr Geld ab, als sie eigentlich zahlen müssen, sagen die Leute.

Auch Zachäus hatte anscheinend von Jeschua gehört, der durch die Städte und Dörfer zieht und den Menschen von Gott erzählt: von seiner Liebe zu den Menschen

und dass er will, dass man den Armen und Kranken hilft. Denn davon erzählen sich die Menschen hier in der Stadt, auch dass er Kranke geheilt hat. Das hatte wohl auch Zachäus neugierig und unruhig gemacht. Diesen Jeschua will er unbedingt sehen, zumal der jetzt in der Stadt ist. Unglücklicherweise ist Zachäus nicht sehr groß. „Wenn dieser Jeschua wirklich hier vorbeikommt, dann bekomme ich ihn vor lauter Menschen gar nicht zu sehen." Jonatan und Simeon sehen und staunen, wie der Oberzöllner auf einen Maulbeerfeigenbaum klettert, der neben seinem Haus steht.

Da kommt auch schon Jeschua mit ein paar Freunden die Straße herauf; Onkel Simon und Onkel Andreas sind auch dabei! Und tatsächlich, vor dem Maulbeerfeigenbaum bleibt Jeschua stehen und schaut hinauf. „Zachäus", spricht er den kleinen Mann an, „steig herab von dem Baum, ich möchte gerne mit ein paar Freunden bei dir zu Gast sein." Zachäus schaut überrascht, überlegt aber nicht lange, steigt schnell vom Baum herunter und begrüßt Jeschua etwas scheu, aber freundlich. Dann lädt er ihn und seine Begleiter zum Essen ein und geht mit ihnen in sein Haus. Zachäus nimmt noch zwei andere Steuereintreiber mit, die auch in der Menge stehen, und eine Frau, die in der Stadt keinen guten Ruf hat. Sein Haus ist ja groß genug.

Da murren die Leute auf der Straße. Das hätten sie nicht gedacht! Vor dem Haus rufen einige: „Schaut euch das nur an! Mit Sündern setzt er sich gemeinsam an einen Tisch, anstatt bei rechtschaffenen Leuten hier in Jericho einzukehren!" Die meisten gehen wütend und schimpfend fort, so schnell sie können, denn sie sind bitter enttäuscht. Das hatten sie sich anders vorgestellt! Auch Jonatan und Simeon sind irritiert, sie wissen nicht so recht, was sie davon halten sollen.

Erst als sie nach einigen Tagen wieder zu Hause sind, klärt Onkel Andreas sie auf: „Dass Jeschua bei Zachäus und mit den anderen Verachteten essen ging, das war ihm sehr wichtig. Denn Zachäus fühlte sich nicht mehr wohl in seiner Haut. Er suchte nach einem Ausweg. Nachdem Jeschua mit ihm gesprochen hatte, bereute er seine Betrügereien und versprach ernsthaft, die Hälfte seines Vermögens den Armen zu geben. Er will das, was er in den letzten Monaten ergaunert hat, doppelt und dreifach zurückzahlen und fortan ein anständiges Leben führen. Jeschua hat ihn bekehrt."

Das Himmelreich ist nahe

Meist sind die Werktage mühsam: für Vater Jonatan beim Fischfang, für Mutter Hanna und die beiden Mädchen im Haushalt und beim Wasserholen und für Simeon nicht nur in der Synagogenschule. Oft muss er dem Vater am Seeufer helfen, Netze zu flicken, und er muss auch manchmal in Haus und Hof kleine Arbeiten verrichten. Deshalb sind alle froh, wenn am Abend Ruhe einkehrt und sie alle rund um den Tisch beim Abendbrot versammelt sind. Dann erzählen sie sich gegenseitig das, was sie am Tag so erlebt haben, Ernstes und Lustiges. Heute ist sogar wieder Opa Matthäus zu Gast.

Debora ist an diesem Abend auffällig still. Es sieht so aus, als ob sie über etwas nachgrüble. Vater Jonatan merkt das und fragt freiheraus, ob sie Probleme habe. „Ja, die Leute in der Stadt sagen, Jeschua hätte vor wenigen Tagen am See Geschichten vom Himmelreich erzählt. Schade, dass ich nicht dabei sein konnte", bedauert sie. „Deshalb geht mir nun schon den ganzen Tag durch den Kopf, was Jeschua eigentlich mit Himmelreich meint. Er sagt doch: Das Himmelreich ist schon nahe." „Das Wort Himmelreich", meint der Vater, „höre ich eigentlich nicht so gerne. Der Himmel ist so weit weg von uns. Deshalb rede ich lieber vom Gottesreich, das meint dasselbe. Weißt du, Gott ist der Schöpfer des Himmels und der Erde, also auch von uns Menschen. Und hier bei uns Menschen läuft ja nicht alles zu seiner Zufriedenheit: Zank, Streit, sogar Krieg, manchmal Mord und Totschlag, aber auch Neid, Missgunst, Ungerechtigkeit zwischen Arm und Reich, Boshaftigkeit und oft auch ganz Böses. Aber Gott, den Jeschua Vater nennt, liebt uns Menschen doch, wir sind ja seine Kinder. Er will unser aller Heil, dass wir friedlich und vernünftig zusammen leben." „Meint Jeschua das damit, wenn er sagt, mit ihm selbst fängt das Himmelreich schon an?", fragt Debora weiter. „Gewiss, Jeschua lebt uns das schon vor, wenn er Kranke heilt, wenn er selbst so lebt, wie er predigt und lehrt, und wenn er gut zu allen Menschen ist und sich ganz besonders um die Schwachen und Ausgestoßenen kümmert. Deshalb fühlt sich Jeschua wohl berufen zu sagen, dass das Gottesreich mit ihm hier auf Erden schon angebrochen ist. Aber, das sage ich dir und glaube es fest: Ohne unser Mittun kommt es nicht zustande! Gott braucht unsere Mithilfe."

„Das kann ich verstehen, aber es ist bestimmt nicht einfach. Das mit dem Gottesreich leuchtet mir ja auch ein. Aber du hast eben gesagt, der Himmel sei weit weg von uns. Wo ist denn eigentlich der Himmel?" „Sicherlich nicht über den Wolken oder auf irgendeinem fernen Stern", ruft Simeon. Nun mischt sich auch Opa Matthäus ein: „Der Himmel ist überall da, wo Gott ist und wo die Menschen mit ihrem Herzen ganz nahe bei Gott sind, wie zum Beispiel bei Jeschua. Ich kann nicht glauben, dass der Himmel an einem bestimmten Ort ist." Mutter Hanna weiß: „Auch Jeschua hat das niemals so erklärt. Er erzählt immer nur Geschichten, wie kostbar das Himmelreich ist, beispielsweise wie eine Drachme, die eine Frau im Haus verloren und lange gesucht hat und dann endlich findet und aus Freude mit den Nachbarinnen feiert. Oder wie ein Gastmahl, zu dem alle ohne Unterschied eingeladen sind." – „Übrigens sagen wir doch selbst, wenn es uns besonders gut geht: *Das ist wie im Himmel*, und wenn es uns schlecht geht: *Das ist die Hölle*, wirft Opa Matthäus ein, bevor Vater Jonatan weiter erklärt: „Das sind eben unsere Bilder. Jeschua weiß, warum er uns Bild-Geschichten erzählt, wie wir Himmel und Gott erahnen können. Er knüpft an das an, was wir Menschen bereits kennen und selbst schon erfahren haben. Aber wir können uns trotzdem Gott nicht richtig vorstellen; denn er ist viel, viel größer als unser menschlicher Verstand." „Dennoch meinen manche Leute, der Himmel sei ein großer Königssaal über den Wolken, wo Gott auf einem goldenen Thron sitzt. Und die armen Seelen der Verstorbenen sitzen geduldig um ihn herum", scherzt Opa Matthäus, worüber alle lachen müssen.

Jeschuas Abschiedsmahl

Simeon und Debora sind sehr traurig. Jeschua kommt nun nicht mehr nach Kafarnaum. Er ist in Jerusalem von seinen Feinden umgebracht, ja grausam gekreuzigt worden. Onkel Andreas ist da und hat es ihnen erzählt: „Eigentlich fing alles so gut an. Wir sind feierlich in Jerusalem eingezogen. Jeschua saß aber nicht stolz wie ein König auf dem Pferd, sondern ritt auf einer jungen Eselin. Und die Leute jubelten ihm zu, mit Palmzweigen in den Händen: *Gelobt sei der, der da kommt im Namen des Herrn!* Sie hofften nämlich, nun würde in Jerusalem alles anders werden. Mit einem Messias und Gottes Hilfe würden Gerechtigkeit und Frieden einkehren, und selbst die römische Besatzung würde abziehen. Aber das waren wohl sehr menschliche Wünsche ...! Jeschua hat ja immer wieder gesagt, dass er nicht mit dem Schwert gekommen ist und dass das Gottesreich nicht von dieser Welt ist. Viele Menschen waren deshalb wohl sehr enttäuscht von ihm.

Jeschua hat immer mehr gespürt, dass sein Leben in Gefahr war. Deshalb hat er uns, seine Freunde, vor dem Pessach-Fest in Jerusalem zu einem feierlichen Abschiedsessen eingeladen. Er hat gesagt: *Geht in das Haus, in das ein Mann mit einem Wasserkrug auf dem Kopf hineingeht.* – Wir spürten auf einmal, dass wir zu einem ganz besonderen Mahl eingeladen waren. Dort hat Jeschua beim feierlichen Mahl das Brot gebrochen und an uns verteilt. Dann hat er uns den Becher mit Wein gereicht. Dabei hat er uns feierlich versprochen: *Immer, wenn ihr so feiert und an mich denkt, dann bin ich bei euch.*"

Onkel Andreas macht eine lange Pause und meint: „Das ist doch ein großer Trost für uns."

Wie aus dem feigen Simon ein mutiger Petrus wurde

Onkel Andreas ist mit seinem Erzählen noch lange nicht zu Ende; wovon sein Herz voll ist, läuft sein Mund sozusagen über: ,,Was uns aber im Nachhinein noch tief erschüttert, ist, dass es ein Jünger war aus unserem eigenen Freundeskreis, der Jeschua verraten hat. Judas Iskariot! Er hat den Soldaten den Weg gezeigt und Jeschua hinterhältig mit einem verräterischen Kuss begrüßt. Daran haben sie unseren Rabbi erkannt, haben ihn gepackt und abgeführt."

„Weißt du, Onkel Andreas, was ich nicht verstehen kann", wendet Simeon ein. „Ihr wart doch elf, zwölf starke Männer, warum habt ihr Jeschua denn nicht verteidigt, als die Horde ihn gefangen nehmen wollte?" „Das hat vielerlei Gründe. Wir hatten ja keine Waffen, nur Simon führte ein Schwert bei sich. Vor lauter Wut hat er einem Soldaten auch fast ein Ohr abgehauen. Das passte aber Jeschua überhaupt nicht. Er ermahnte Simon: *Stecke dein Schwert in die Scheide; denn wer zum Schwert greift, der kommt auch durch das Schwert um.* Jeschua ist ja entschieden gegen jegliche Gewalt. – Und außerdem, ich muss ehrlich gestehen, wir hatten auch alle schreckliche Angst. Deshalb haben wir uns ängstlich versteckt, und nur Simon ist in großem Abstand dem Trupp gefolgt. Aber auch er hatte Angst, das hat er mir selbst erzählt. Im Gerichtshof hat ihn nämlich eine Magd erkannt und gefragt, ob er nicht auch zu Jeschua gehört. Das hat er dreimal entschieden geleugnet. Und dafür schämt er sich heute noch. Doch ich habe den Eindruck, durch dieses Erlebnis und durch den Schock, dass Jeschua angeklagt und gekreuzigt wurde, ist er mutiger geworden. Schließlich hat er ja Jeschua versprochen, der ihn übrigens in letzter Zeit Petrus genannt hat, er wolle wie ein Fels sein und für das Gottesreich kämpfen. Ehrlich, euer Onkel Simon ist wie umgewandelt.

Den kennt ihr nicht wieder: Ich glaube, er steht nun fest wie ein Fels zu dem, was er Jeschua versprochen hat. Deshalb bin ich nun auch davon überzeugt: Die Sache Jeschuas mit uns geht weiter!"

Was das Allerwichtigste ist

Simeon stupst Debora an: „Du, was Onkel Andreas da gerade gesagt hat, das gefällt mir gut. Wenn ich etwas älter bin, dann möchte ich auch gerne bei den Jeschua-Leuten mitmachen." Debora schaut ihren Bruder ernst an und meint: „Vielleicht können wir das jetzt schon."

Onkel Andreas hat den beiden zugehört und sagt überraschend: „Dazu fällt mir noch eine schöne Geschichte ein, die Jeschua öfter erzählt hat:

Brautjungfern gingen dem Bräutigam entgegen, ihn abzuholen. Und da es bald dunkel wurde, nahmen sie ihre Laternen mit. Die einen waren besonders klug, denn sie nahmen auch Reserveöl zum Nachfüllen mit. Die anderen aber dachten nicht daran. Keiner wusste genau, wann der Bräutigam kommen würde. Nun hatte er sich verspätet und kam erst mitten in der Nacht an.

Weil sie so lange warten mussten, waren den unklugen Brautjungfern die Laternen ausgegangen. So fanden sie im Dunkeln kaum noch den Rückweg und kamen viel zu spät ans Ziel. Die klugen aber, die Öl zum Nachfüllen mitgenommen hatten, beleuchteten sich selbst und dem Bräutigam den Weg und kamen somit noch rechtzeitig zur Hochzeit."

Simeon sagt darauf: „Ich verstehe die Geschichte so: Man soll immer sein Licht leuchten lassen und rechtzeitig dafür sorgen, dass es nicht ausgeht."

Onkel Andreas nickt zustimmend: „Ja, ja, Simeon, das sehe ich auch so ähnlich. Und du, Debora, hast wirklich recht: Das könnt ihr jetzt schon." Simeon erkundigt sich: „Was müssen wir denn tun, worauf müssen wir wohl besonders achten?" „Das ist eine wichtige Frage, die hatte auch ein Pharisäer schon mal unserem Jeschua gestellt. Weißt du, was der geantwortet hat? *Das Wichtigste ist, Gott, den Herrn, zu lieben und ihm mit ganzer Kraft zu dienen. Aber genauso wichtig ist es, den Nächsten zu lieben wie sich selbst.*" „Na, dann haben wir aber allerhand zu tun", meint Simeon, „ob uns das gelingt?"

In Emmaus erfahren seine Freunde: Jeschua lebt

„Debora, Simeon, lauft doch bitte mal schnell zu Onkel Andreas an den See. Er hat immer so leckeren getrockneten Fisch", ruft Mutter Hanna. „Bittet ihn um ein paar Stücke für unser Abendessen." Die beiden nehmen einen Weidenkorb und machen sich auf den Weg. Als sie zum See hinunterkommen, sitzen die Fischer am Ufer, und ein Fremder ist auch dabei. „Der ist vielleicht auch mit Jeschuas Freunden aus Jerusalem gekommen", meint Simeon. „Bestimmt ist er auch so traurig, weil Jeschua tot ist", sagt Debora. Die Männer sprechen so aufgeregt miteinander, dass sie Debora und Simeon gar nicht bemerken. Onkel Andreas bittet gerade den Fremden: „Lieber Kleopas, erzähle Jonatan doch auch, was du vor wenigen Tagen erlebt und uns dann in Jerusalem erzählt hast!" – Das wollen Simeon und Debora natürlich auch gerne wissen und setzen sich einfach dazu. Und Kleopas erzählt:

„Nach dem Tod Jeschuas in Jerusalem wollte ich so rasch wie möglich nach Emmaus zurück. Ein Freund ging mit mir. Wir wollten noch vor der Dunkelheit zu Hause sein. Unterwegs redeten wir über alles, was wir auf dem Herzen hatten: Wie einen König haben die Menschen Jeschua doch gefeiert, als er nach Jerusalem kam. Sie haben ihm zugejubelt! Wir dachten: Jetzt wird alles gut in unserem Land. Jeschua wird dafür sorgen. Dann kam es plötzlich ganz anders. Gekreuzigt haben sie ihn! Dabei hatte er doch nur Gutes gesagt und getan. Wir redeten und redeten und wurden immer trauriger.

Auf einmal überholte uns ein Fremder und sprach uns an: *Darf ich ein Stück mit euch gehen? Ich merke, ihr seid sehr traurig. Was macht euch denn so großen Kummer?* Ich war überrascht und fragte ihn: *Du kommst doch auch aus Jerusalem. Hast du denn nicht gehört, was da passiert ist mit Rabbi Jeschua aus Nazaret? Das begreife ich nicht. Alle Leute reden doch davon. – Was ist denn passiert?*, fragte der Fremde.

Weißt du das wirklich nicht? Der Stellvertreter des römischen Kaisers, Pontius Pilatus, hat ihn doch kreuzigen lassen, unseren Freund und Meister. Dabei hat er so große Dinge getan. Er hatte eine Kraft, die kam von Gott. Das spürten alle. Und jetzt ist er schon drei Tage tot!

Ich hörte auf zu sprechen. Ich war einfach zu traurig. Der Fremde schaute uns an: *Habt ihr denn schon alles vergessen, was Jeschua euch gesagt hat?*

Dann erklärte er uns vieles aus den alten Schriften, genau wie Jeschua es immer getan hatte. Das tat uns gut. Ich fühlte mich auf einmal nicht mehr so verlassen. Als wir in Emmaus ankamen, ging die Sonne gerade unter. Ich sagte zu dem Fremden: *Es wird schon Abend. Ich bin hier zu Hause. Bitte iss mit uns zu Abend!*

Als wir dann am Tisch saßen, nahm der Fremde das Fladenbrot in seine Hände. Er dankte Gott, brach es in Stücke und gab es uns. Mir wurde ganz heiß ums Herz. Es war, als ob mein Herz plötzlich Augen bekommen hätte: *Mein Gott, das ist ja Jeschua. Er ist es also, der mit uns gegangen ist!* Dann sahen wir Jeschua nicht mehr.

Mein Freund sagte ganz aufgeregt: *Nun wissen wir es, Kleopas. Jeschua lebt. Er verlässt uns nicht. Er begegnet uns nur anders.*

Wir hielten es nicht länger in Emmaus aus. Wir liefen noch in der Nacht den weiten Weg nach Jerusalem zurück zu dem Haus, in dem sich all unsere Freunde aus Angst vor den römischen Soldaten versteckt hatten. Wir wollten ihnen so schnell wie möglich die frohe Nachricht bringen."

Vater Jonatan holt tief Luft: „Danke, Kleopas, dass du das alles auch uns erzählt hast. Da brauchen wir doch nicht mehr zu trauern."

Debora flüstert Simeon zu: „Verstehst du das?" Er überlegt und sagt: „Vielleicht begegnet Jeschua uns in vielen Menschen." Debora kann gar nicht aufhören nachzudenken. Dann sagt sie: „Da müssen wir aber gut aufpassen."

Und fast hätten die beiden den Trockenfisch für die Mutter vergessen. Nun aber rasch nach Hause!

Jeschuas großer Wunsch für uns

Am nächsten Tag sitzen Simeon und sein Freund Ruben mit ihren Vätern am Seeufer. Sie helfen beim Flicken der Fangnetze. Das machen sie gerne, denn dann gehören sie schon ein bisschen zu den Männern. Dabei können sie zuhören, was die sich so alles erzählen.

„Weißt du noch, wie es war, als der Sturm das Wasser hochpeitschte und Petrus mit Andreas und Rabbi Jeschua in seinem Boot draußen auf dem See waren?", fragt Vater Jonatan. „Das weiß ich noch sehr gut", antwortet der Nachbar Aaron. „Es war ein schreckliches Unwetter."

„Und so schnell, wie es gekommen ist, war es auch wieder vorbei."

„Ich weiß es auch noch", ruft Simeon dazwischen. „Ich war es ja, der das Boot entdeckt hat und mit Ruben den Männern geholfen hat, das Boot auf den Strand zu ziehen, als sie endlich das Ufer erreicht hatten."

„Ja", fährt Vater Jonatan fort, „es war so seltsam. Zuerst sprachen sie kein Sterbenswort." „Aber ich weiß noch genau, was sie dann später erzählten", ruft Simeon wieder dazwischen. Eigentlich dürfen Kinder nicht dazwischenreden. Aber der Vater lächelt diesmal freundlich und meint: „Na, dann erzähl mal, was du noch weißt!"

Simeon steht auf und stellt sich vor die Männer, so wie es sonst der Vater macht. „Ich bin jetzt Petrus und berichte euch:

Wir wollten mit Jeschua den See überqueren. Dabei hat uns dann der Sturm erwischt. Es wurde richtig brenzlig. Das Wasser schwappte in unser Boot, und wir konnten es nicht mehr steuern. Da bekamen wir es mit der Angst zu tun und schrien um Hilfe. Wir schauten uns nach Jeschua um. Der lag hinten gemütlich im Boot. Er hatte seinen Um-

hang zusammengerollt und unter seinen Kopf gelegt. Und stellt euch vor, er schlief. Wir packten ihn und schrien: Rabbi, ist dir das egal, wenn wir untergehen? Hilf uns doch!"

Simeon macht eine Pause und macht Petrus nach, wie er versucht, Jeschua aufzuwecken. Dann erzählt er weiter: „*Jeschua wachte auf und sagte zu uns: Warum habt ihr bloß solche Angst? Ich bin doch bei euch! Spürt ihr das überhaupt nicht? Glaubt mir, ihr könnt die Angst klein machen, wenn ihr Vertrauen zu Gott habt. Gott lässt euch nie allein. Wenn ihr das wirklich glaubt, werdet ihr auch mit schlimmen Dingen fertig. Dann stand Rabbi Jeschua auf und schaute uns alle an: Das ist mein großer Wunsch für euch, immer Vertrauen zu Gott zu haben.*"

„Das hast du gut behalten", lobt der Vater Simeon.

„Ich hätte Rabbi Jeschua damals bestimmt vertraut", flüstert Simeon Ruben zu. Der nickt: „Die Großen sind wirklich manchmal dumm. Dabei meinen sie immer, wir Kinder würden nichts verstehen." Die Erinnerung an diese Geschichte hat alle tief ergriffen. Sie schweigen nun alle und denken wehmütig an Rabbi Jeschua.

Wie es damals weiterging

Wie ging es damals weiter mit Simon Petrus, Andreas und den ersten Christen?

Simeon war Fischer und wohnte mit seiner Familie in Kafarnaum. Er gehörte zum engsten Freundeskreis Jeschuas. Der nannte ihn, wie das Matthäusevangelium erzählt, Petrus, das heißt Fels, weil er auf diesem Felsen seine Kirche bauen wollte. So wurde Simon Petrus nach Jeschuas Kreuzestod der Leiter der Urgemeinde in Jerusalem und der Apostelgruppe (Apostel heißt: Bote oder Gesandter). Deshalb sehen Christen heute in Petrus den ersten Papst der Kirche. – Simon Petrus floh damals wegen der Christenverfolgung aus Jerusalem. Er begab sich in Begleitung seiner Frau auf Missionsreisen, um die frohe Botschaft des neuen Gottesreiches zu verkünden. In Rom soll er etwa um 64 n.Chr. unter Kaiser Nero gekreuzigt worden sein.

Andreas, der Bruder Simons, war ebenfalls Fischer in Kafarnaum. Auch er gehörte zu den Aposteln, dem engeren Freundeskreis um Jeschua. Der Legende nach war auch er Missionar und verkündete das Gottesreich vorwiegend auf dem Balkan und in Südrussland. Auch er soll ein Opfer der Christenverfolgung geworden sein und starb den Kreuzestod in Griechenland.

Jeschuas Freundeskreise bildeten nach Jeschuas Kreuzestod, seiner Auferweckung und Aufnahme in den Himmel, an die Seite Jahwes, vorwiegend in Palästina kleine christliche Urgemeinden. Heimlich hielten sie Mahlfeiern und tauften auf Jesus Christus und versuchten das Gottesreich zu leben und zu verkünden. Trotz der gefährlichen Christenverfolgung breiteten sich im Laufe des ersten Jahrhunderts n.Chr. solche Gemeinden im ganzen Mittelmeerraum aus. Davon und von den Missionsreisen der Apostel erzählt spannend die Apostelgeschichte der Bibel.

Nachtrag

Die Geschichten, die Debora und Simeon mit Jeschua erlebt haben, kannst du im Neuen Testament in der Bibel wiederfinden, natürlich viel ausführlicher erzählt.

Am besten besorgst du dir eine gute Kinderbibel, die deinem Alter entspricht. Nur musst du wissen: Das Neue Testament ist kein *Geschichts*buch, in dem haargenau beschrieben ist, wann, wie und wo im Leben Jeschuas etwas passiert ist. Es ist ein *Geschichten*buch, das vier Männer, Matthäus, Markus, Lukas und Johannes, die wir Evangelisten nennen, aufgeschrieben haben. Keiner von ihnen hat Jeschua selbst gekannt. Sie haben aber sorgfältig gesammelt, was die Menschen, die Jeschua erlebt haben, von ihm weitergaben. Das haben die vier Männer mit ihren eigenen Vorstellungen und auch mit den alten, heiligen jüdischen Schriften verbunden, um begeistert zu verkünden: Jeschua ist der Messias!

Wir nennen diese Schriften Evangelium, was in unserer Sprache *Frohe Botschaft* heißt.

Das Land Israel zur Zeit Jesu →

Damaskus
Libanon-Gebirge
Kafarnaum
Betsaida
Galiläa
See Gennesaret
Karmel
Nazaret
Jesreel
Samaria
Samaria
Sichem
Jordan
Mittelländisches Meer
Judäa
Jericho
Jerusalem
Betlehem
Totes Meer
Gaza
Mamre

Die Bilder in diesem Buch
malte Ulrike Bahl

Jesus auf